집안을 확 바꾸는
수납의 기술

들어가면서
쉽고 즐거운 수납의 기술을 소개합니다

잡지나 방송 일로 종종 가정집을 방문합니다. 그러면 보통 집주인과 함께 집 안 정리를 하는데, 처음에는 소극적이던 사람도 하다보면 조금씩 적극적이 되고, 집이 깨끗하게 변할 때쯤 되면 활짝 핀 얼굴로 이렇게 말합니다.

"정말 재미있네요!"

"빨리 써보고 싶어요!"

요즘은 수납이 유행처럼 돼서 모두 지나치게 스트레스에 시달립니다. 만나는 사람마다 첫마디가 "우리 집도 정리 좀 해야 할 텐데…"이죠. 하지만 곧 시간이 없네, 공간이 없네, 버리기 아깝네 등으로 이어집니다.

수납에 대해 너무 어렵게 생각하지 마세요. 아주 조금씩이라도 집이 깨끗해지는 건 즐거운 일이랍니다.

이 책은 그림을 보면서 따라 해보는 집 꾸미기 아이디어 북입니다. 한눈에 들어오고 바로 응용할 수 있는 수납 책이죠. 매일 하는 청소와 정리정돈 외에도 즐거운 수납법, 전문적인 수납법 등 다양한 상황에서 활용할 수 있는 수납의 기술을 소개합니다.

"정말 재미있는데!"

"빨리 해보고 싶어!"

여러분의 가정에서도 이런 목소리가 울려 퍼지길 기대합니다.

차례

들어가면서 4
이 책에 소개된 집 8

1 쉽다, 깨끗하다, 보기 좋다
힘들이지 않고 바꾸는 정리의 기술

바구니를 준비해둔다 12
쿠션 커버를 이용한다 14
무조건 걸어두는 습관을 버린다 16
모으고 버리고 제자리에 둔다 ① 18
모으고 버리고 제자리에 둔다 ② 20
작은 물건 여러 개를 큰 물건으로 바꾼다 22
산만해지는 요소를 없앤다 24
대각선을 없앤다 26
귀찮아지기 시작할 때 움직인다 28

2 생각을 바꾸면 정리정돈이 즐거워진다
센스가 돋보이는 색다른 수납 아이디어

매트와 바구니로 포인트를 준다 32
즉석 라벨로 멋을 낸다 34
책장을 멋지게 꾸민다 36
잘 보이는 물건들을 보기 좋게 바꾼다 38
옷장 문을 열 때 설레게 만든다 40
좋아하는 물건을 둔다 42
책을 멋지게 배치한다 44
문이 달린 가구를 따스하게 꾸민다 46
기분이 좋아지는 도구로 바꾼다 48
리필용 병을 바꾼다 50
가슴을 뛰게 하는 목표를 세운다 52
MEMO 1 수납은 '완벽함'보다 '편안함'을 목표로 삼는다 54

3 어수선한 분위기, 작은 물건이 문제다
골칫덩어리들을 해결하는 똑똑한 정리법

어질러지는 악순환을 끊는다 58
액세서리를 정리한다 60
우편물은 현관에서 바로 정리한다 62
장난감 정리법을 바꾼다 64
산더미같이 쌓인 스타킹을 정리한다 66
색색의 물건들을 정리한다 68
트레이를 활용한다 70
남자의 물건을 정리한다 72
정리용품은 예상했던 양의 2배를 산다 74
추억을 압축한다 76
MEMO 2 버리는 후련함을 즐기기보다 지니는 기술을 갈고닦는다 78

4 수납 고민과 궁금증 Q&A
인테리어 전문가가 시원하게 해결해준다

Q1 정리를 해도 금세 어질러져요 82
Q2 게으른 성격, 어떻게 해야 할까요? 83
Q3 수납 계획은 어떻게 짜야 하나요? 84
Q4 좋은 정리용품 고르는 요령을 알려주세요 86
Q5 공간 활용을 잘 하려면 어떻게 해야 하나요? 87
Q6 빠른 시간 안에 눈에 띄는 효과를 볼 수 있는 방법은 없나요? 88
Q7 분명히 정리했는데도 만족할 수 없는 건 왜일까요? 90
Q8 수납은 언제부터 배워야 할까요? 91

5 효율성을 극대화하는 수납 노하우
본격적으로 바꾸면 생활이 바뀐다

가구를 산다 94
정리용품을 넉넉히 산다 96
일을 3번에 나눠서 한다 98
IN과 OUT을 나눈다 ① 100
IN과 OUT을 나눈다 ② 102
깊은 정리함을 이용한다 104
공간 속 공간을 만든다 106
장식장으로 공간을 나눈다 108
수납공간을 나눈다 110
지혜를 짜낸다 112
두 사람의 공간을 나눈다 114
싼 물건을 최대한 활용한다 116

6 깔끔한 집을 위해 기억해야 할 것들
정리정돈은 끝났다!

감독이 된다 120
편안한 공간으로 만든다 122
조금씩이라도 계속한다 124
꾸미기 단계로 넘어간다 126

마치면서 128

이 책에 소개된 집
우리 집은 어떤 경우?

부모와 함께 사는 사람

부모와 함께 살고 있으며 자기 방이 있다. 학교에서 쓰는 물건, 옷, 만화책 등 물건들이 끝도 없이 쌓여 있다. 수납 방법도 잘 모른다.

고민거리
봄부터 사회인이 되는 만큼 좀 더 자신의 물건을 관리하고 정리할 수 있게 되기를 어머니가 바라고 있다.

자취하는 사람

자취 경력 8년. 좀 넓은 집에서 살아보고 싶어서 작년에 약 33㎡(10평)의 낡은 아파트로 이사했다. 하지만 바쁘고 귀찮다는 핑계로 금세 지저분해져 집에 부를 수 있는 건 아주 친한 여자 친구들뿐이다.

고민거리
편안한 공간에서 푹 쉬고 싶은데 물건이 많아서 생각처럼 정리가 되지 않는다.

신혼 부부

신혼인 두 사람은 지난달에 신혼집으로 들어왔다. 꾸미는 건 좋아하지만, 좁은 공간에 두 사람의 물건을 어떻게 수납해야 할지, 어떤 가구를 사야 할지 고민이 많다.

고민거리
둘이서 시작하는 새로운 생활. 자신들에게 어울리는 물건들을 천천히 갖춰가고 싶다.

3인 가족

부부와 아이가 함께 사는 3인 가족. 새집을 사서 한창 꾸미고 싶을 때지만 수납이 어려워 고민이다. 아이 물건이며 가족 물건들은 어떻게 처리해야 할까?

고민거리
집안일을 할 사람이 아내밖에 없다. 어떻게든 가족의 물건을 잘 정리해 새집에서 쾌적하게 살고 싶다.

쉽다, 깨끗하다, 보기 좋다
힘들이지 않고 바꾸는 정리의 기술

1

신호에 한 번도 걸리지 않고 목적지에 도착했을 때나 길게 늘어서 있던 계산대의 줄이 점점 짧아질 때 왠지 속이 후련하죠. 집 안이 깨끗하면 집에서도 이런 기분을 느낄 수 있어요. 힘들이지 않고도 깨끗하고 사랑스러운 공간으로 바꿀 수 있는 효율적인 방법을 소개합니다.

「바구니를 준비해둔다」

before

지금 온다고?

갑자기 손님이 들이닥치는 상황. 막 개기 시작한 빨래에 아이 장난감까지 어떻게 정리하지?

순식간에 깨끗해지는 깜짝 도우미

손님이 갑작스럽게 들이닥치면 누구라도 당황할 수밖에 없다. 급하게 화장을 하고, 너무 추리하지는 않은지 옷차림도 체크하고, 숨 돌릴 틈도 없이 방을 치우려니 정신이 없을 수밖에 없다.

이럴 때 빠르게 정리할 방법이 없을까? 해결책은 바구니에 있다. 보조로 몇 개 준비해두고 평소에는 컵을 정리할 때처럼 포개어 두었다가, 필요할 때 꺼내어 어릴 적에 운동회에서 하던 공 던지기처럼 잡동사니를 재빠

PART **1** | 힘들이지 않고 바꾸는 정리의 기술

after ➡ 급할 때 출동! 일단 여기에 넣자.

이렇게 해보자

···· 보조 바구니

바구니를 모아둔다.
종류가 같거나
크기가 같으면 깔끔하다.

알았어~

임시 수납공간을 만들어 바로 치워버린다.

르게 집어넣으면 끝이다. 임시로 감추고 싶은 물건들을 한꺼번에 치울 수 있다. 물건들이 보일까봐 걱정된다면 손수건을 덮어두거나 구석에 밀어두자. 갑자기 찾아오는 손님을 여유롭게 맞이할 수 있게 되는 작은 아이디어다.

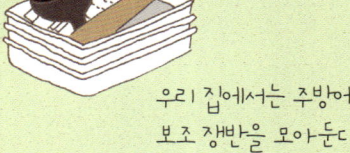

우리 집에서는 주방에
보조 쟁반을 모아둔다.

「쿠션 커버를 이용한다」

before

벌써 다 왔는데….

이렇게 해보자

서둘러!

쿠션 커버 속에 집어넣는다.

겨울이면 소파 주위에 방한용품들이 쌓이기 마련이다. 보기 안좋다.

꾹꾹 집어넣어서 완성!

무릎 담요, 수면 양말, 발 토시, 목도리… 여자들의 방한용품은 놀라울 정도로 많다. 이런 물건들은 겨울 내내 쓰는 데다 기온에 따라 입었다 벗었다 하기 때문에 늘 소파나 침대 주위에 널려 있기 쉽다. 혼자 사는 집인 만큼 편한 게 제일이라고는 하지만, 누가 찾아오기라도 하는 때엔 재빠르게 치우고 싶어지는 물건들이기도 하다.

이럴 때는 쿠션 커버 속에 방한용품을 집어넣는다. 쿠

PART 1 | 힘들이지 않고 바꾸는 정리의 기술

after ➡ 의외로 유용한 품목, 쿠션!

오늘은 의외로 깨끗한데?

보통이지.

다른 쿠션들이랑 같이 두면 완벽하다.

침대 주위를 정리할 때도 활용해보자.

션의 가운데쯤에 넣고 모양을 잡으면, 도톰하니 보기에도 좋고 여기저기 널브러져 있던 물건들을 안 보이게 감출 수 있다. 단, 쿠션을 안 기라도 하면 내용물의 정체가 들통 날 수 있으니 손님 가까이에 두는 건 좀 위험하다. 이 점만 주의하면 완벽하다.

「무조건 걸어두는 습관을 버린다」

옷을 거는 것은 지저분한 커튼을 다는 것

어지간하면 그냥 넘어가는 나조차도 얼굴이 살짝 찌푸려지는 게 있다. 문이나 커튼 봉에 걸어둔 옷들이다. 옷이 너무 많아서 옷장에 다 들어가지 않을 때, 옷을 넣어둘 만한 옷장이 없을 때, 밖에 나갔다 돌아와서 입었던 옷을 통풍시키고 싶을 때 등 옷을 걸어두는 데는 다양한 이유가 있겠지만, 어떤 이유든 일단 저질러 버리면 돌이킬 수 없다.

커튼을 바꾸면 방 분위기가 확 바뀌는 이유는 수직으

PART 1 | 힘들이지 않고 바꾸는 정리의 기술

after ➡ 걸어두는 건 방 안을
지저분하게 만드는 나쁜 습관!

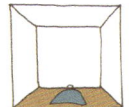

물건을 걸어두면 무조건
눈에 띈다.

깨끗해지니 졸음이…

걸어둔 물건들을 내리기만해도 분위기가 확 달라진다.

로 펼쳐진 면이 눈에 잘 띄기 때문이다. 옷을 건다는 것은 수직으로 펼쳐지는 면을 만드는 것이고, 이는 곧 어지럽고 복잡한 커튼을 다는 것과 같다. 아무리 열심히 정리를 해도 이렇게 걸어둔 옷들이 눈에 들어오면 방이 지저분해 보인다. 기본적으로 옷을 걸지 않는 것이 좋다. 이것만 지켜도 방이 깔끔해진다.

「모으고 버리고 제자리에 둔다 ①」

before

매일 해야하는 정리와 청소는 기본적으로 모으기, 버리기, 제자리에 두기의 3단계로 처리한다.

중얼중얼 말하면서 정리한다

일이며 집안일에 눈코 뜰 새 없이 바쁘다보면 집 안 정리는 아무리 신경을 써도 미뤄지기 마련이다. 원래 정리란 여기저기 널려 있는 물건들을 모아서(gather), 쓸데없는 물건들을 버리고(trash), 나와 있는 물건들을 제자리에 두는 것(return)이다. 모으기, 버리기, 제자리에 두기, 3가지 행동의 조합이라고 할 수 있다. 따라서 매일 하는 청소나 정리는 이 3가지 행동으로 간단하게 해결할 수 있다.

PART 1 | 힘들이지 않고 바꾸는 정리의 기술

after ➡ 넓은 부분부터 시작하다보면
소파랑 테이블만 치워도 깔끔해진다.

후후, 다녀왔습니다.

잘 보이는 테이블과 소파 위만 모으기, 버리기, 제자리에 두기로 처리해도 큰 효과를 볼 수 있다.

나는 우선 잘 보이는 넓은 곳부터 시작한다. 좀 바쁘더라도 "이건 모으기 (G), 다음은 버리기(T)…" 하고 입으로 소리 내면서 정리해나가다 보면 다음 행동이 바로바로 떠오른다. 정리에 자신이 없던 사람이라도 3가지 중 뭐가 빠졌는지 파악해보면 빠르게 정리할 수 있다.

집이 깨끗해지면 집으로 돌아가는 시간이 즐거워진다.

「모으고 버리고 제자리에 둔다 ②」

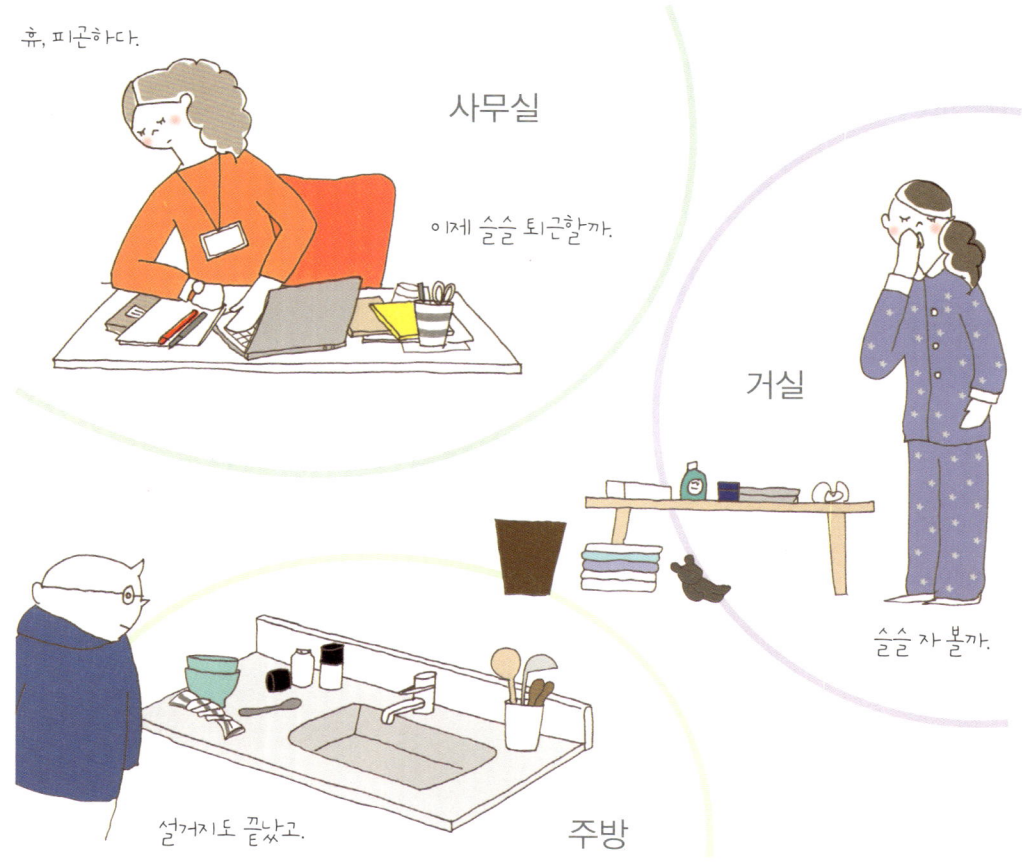

before

정리할 타이밍을 몸에 익힌다

집 안이 쉽게 지저분해지거나 정리를 잘 못하는 사람들은 일하는 타이밍을 잘 모르는 게 아닐까 싶다. 정리하려는 마음이 없거나 특별히 게을러서가 아니라. 단지 정리할 타이밍을 몰라서 한계에 닿을 때까지 미뤄두다가 대충 치우고 끝나는 것이다. 다시 말해 습관이 되지 않은 것이다.

이 부분을 개선해보면 어떨까? 퇴근할 때나 자기 전, 하루를 마무리하는 시간에 모으고(G) 버리고(T) 제자

PART 1 | 힘들이지 않고 바꾸는 정리의 기술

after ➡ 모으기, 버리기, 제자리에 두기,
3단계면 문제없다.

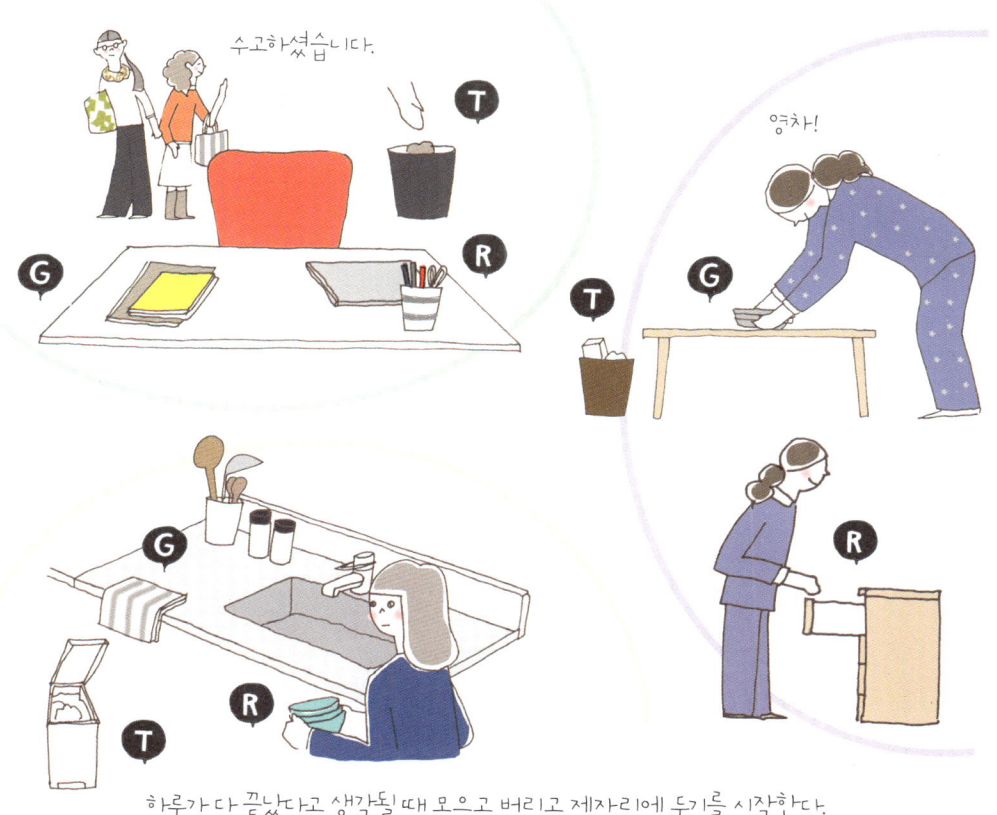

하루가 다 끝났다고 생각될 때 모으고 버리고 제자리에 두기를 시작한다.
시간을 정해두면 정리도 습관이 된다.

리에 두기(R)를 시작하는 것이다. 일이 대충 끝났다고 생각될 때 이 습관을 지속하다보면 정리할 타이밍이 몸에 익을 것이다. 처음부터 집 안 전체를 다 하는 건 무리일 수 있으니 일단 한 곳을 정해서 시작해보자.

좁은 공간이라도 늘 깨끗하게 관리하다보면 집 안에 생기가 생기고 본인에게도 자신감이 붙게 된다.

「작은 물건 여러 개를 큰 물건으로 바꾼다」

수납을 위해 사기 시작한 바구니가 점점 늘어나고 있지는 않은지?

쓸모없는 플라스틱 바구니는 바로 없앤다

값싼 플라스틱 바구니는 주의해야 한다. 쉽게 살 수 있기 때문에 별 생각 없이 늘어나기 쉽다. 살 때야 물건들을 정리하려고 사지만, 사실 플라스틱 바구니가 늘면 늘수록 원래 의도와는 반대로 더 지저분해 보인다. 가짓수가 늘어날수록 점점 밖에 내놓게 되고 둘 곳도 줄어들기 때문이다.

책상이나 부엌, 세면대에서 작은 물건들을 플라스틱 바구니에 모아두지 않았는지 돌아보고, 플라스틱 바구

PART **1** | 힘들이지 않고 바꾸는 정리의 기술

`after` ➡ 플라스틱 바구니 대량 발생!
물건을 정리할 생각이 점점 커진다.

에코백도 큰 에코백에 한꺼번에 모은다.

작은 물건들을 정리해서 큰 물건으로 바꾼다. 보이는 물건이 줄어들면 깔끔해 보인다.

니가 많으면 작은 바구니의 물건들을 모아서 큰 바구니에 한꺼번에 모아둔다. 이런 식으로 작은 물건 여러 개를 큰 물건으로 바꾸면 보이는 물건 수가 줄어들어 정돈되어 보인다. 공간을 깔끔하게 만드는 요령이다.

작은 바구니는 엄마한테 드려보자.

「산만해지는 요소를 없앤다」

휴일인데 청소라니 너무 귀찮다. 그래도 슬슬 해야 하는데….

가장 심각한 곳부터 정리한다

되는 대로 대충 살다보면 자기도 모르는 사이에 방 이곳저곳이 어수선해진다. 분명히 빈 병 하나만 잠시 놔뒀을 뿐인데 불법투기 쓰레기장처럼 병이 기하급수적으로 늘어나 있거나, 버리려던 상자가 어느새 채소 상자로 쓰이는 식이다. 왠지 찜찜한 느낌이 드는 곳들을 둘러보면 몇 군데 수상한 곳을 발견할 수 있을 것이다. 이런 곳은 보기 안 좋을 뿐 아니라 공간 활용에도 방해가 된다.

PART **1** | 힘들이지 않고 바꾸는 정리의 기술

after ➡ 방 전체가 지저분할 때 빨리 정리하고 싶다면 어수선한 곳 3군데를 정리한다.

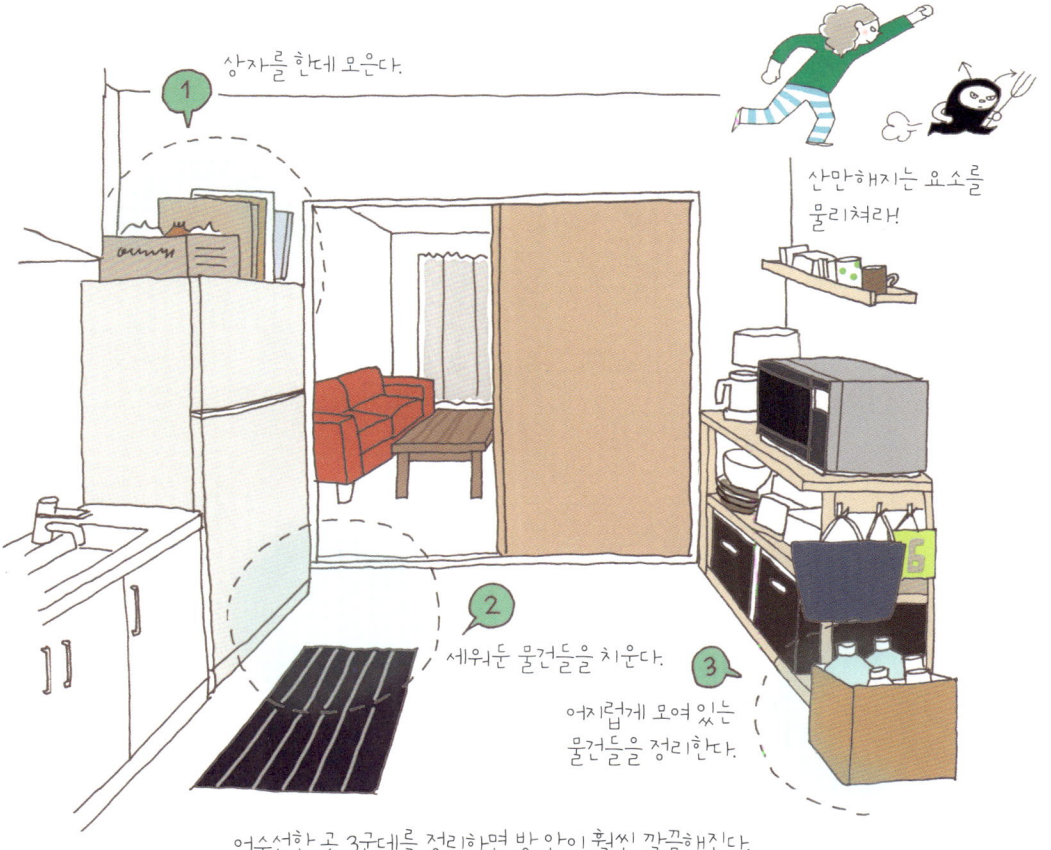

어수선한 곳 3군데를 정리하면 방 안이 훨씬 깔끔해진다.

이처럼 방 전체가 지저분할 때는 조금씩 정리하는 것보다 가장 심각한 곳을 빠르게 치우는 쪽이 더 큰 효과를 볼 수 있다. 산만해지는 요소를 없애겠다는 생각으로 포인트를 정해서 방을 정리해나간다. 잠시만 방심해도 방 안은 금세 지저분해진다. 지속적으로 체크해 반복되지 않도록 한다.

「대각선을 없앤다」

before

특히 여기저기 꽂아놓은 책은 보기에도 안 좋다.

어디서부터 손대야 될지….

소매가 접히면 주름이 생긴다.

수상한 대각선이 없는지 꼼꼼히 찾는다

대대적인 정리는 어렵더라도(하기 싫기도 하다) 시간 여유가 조금 생겨 가볍게 정리할 마음이 들 때가 있다. 그럴 때는 옷장이나 정리장을 열고 수상한 대각선을 없앤다. 수상한 대각선이란 대충 쌓아둔 상자나 가방, 옷장에 둔 옷들의 소매 등이 중구난방으로 향하면서 생긴 선들을 말한다. 문이 있는 가구 안은 문을 닫으면 보이지 않기 때문에 특히 관리가 잘 안 된다. 이 또한 집 안을 산만하게 만드는 숨은 요소이다.

PART 1 | 힘들이지 않고 바꾸는 정리의 기술

after
➡ 깔끔하게 보이려면 가로세로 정렬로! 대각선을 없애면 단정해 보인다.

물건을 정리할 때는 선이 가로 또는 세로가 되게 해야 정돈된 인상을 준다. 반대로 말하면 대각선이 많을수록 지저분해 보인다고 할 수 있다. 전체적으로 지저분한 느낌을 주는 대각선을 발견하면 놓치지 말고 바로 잡는다. 이렇게만 해도 분명히 효과가 있다. 물건을 바꾸거나 새로운 정리용품을 살 필요도 없고 비용도 들지 않는다. 집 안을 정리하고 싶어질 때 가볍게 시도해 보자.

「귀찮아지기 시작할 때 움직인다」

before

의욕이 없을 때가 움직일 타이밍!

선뜻 끌리지 않는 파티였지만 생각보다 즐거웠다거나, 귀찮고 무서워서 미뤄왔던 치과에 갔는데 아픈 것도 낫고 기분도 후련해진 경험이 있을 것이다. 이처럼 의욕 상실은 의외로 몸을 움직이면 쉽게 풀리는 경우가 있다. 매일 해야 하는 청소나 정리도 끝나고 나면 생각보다 별 것 아니다 싶고 왜 그렇게 피해왔는지 의문이 들지 모른다. 사실 나야말로 게을러서 늘 이런 생각을 하는 편이다.

PART 1 | 힘들이지 않고 바꾸는 정리의 기술

after ➡ 간단한 방법만 알고 나면
         나도 할 수 있어!

집에 가야겠다···.

무거운 몸을 움직이려면 스스로 잘 조절해서 행동하는 게 가장 바람직하지만, 매일 해야 하는 청소다보니 하기 싫어지는 날도 있다. 그럴 때 요령 좋게 빨리 끝내는 방법이 있다면 의욕이 더 쉽게 생길 것이다. 케이크를 쉽게 만들 수 있는 방법을 알고 나면 베이킹이 쉬워지는 것과 같은 이치다. 의욕 상실은 상황을 보는 시각을 바꿔서 물리칠 수 있다. 마음속의 검은 그림자가 생기기 시작할 때가 움직일 타이밍이다.

생각을 바꾸면 정리정돈이 즐거워진다

센스가 돋보이는
색다른 수납 아이디어

2

항상 지나다니는 길도 조금만 돌아가면 색다른 풍경에 놀랄 때가 있어요. 마음이 무거운 당신에게 평소와는 다른 길을 제시할게요. 평범한 방도 보관법이나 시각을 바꾸면 멋지고 귀엽고 센스 있는 방으로 바뀔 수 있어요. 별 세 개짜리 집으로 바꿔주는 수납의 기술이랍니다.

「매트와 바구니로 포인트를 준다」

before

소파 주위에 쌓이는 물건을 정리하기 위해 바구니를 샀다. 좋지도 나쁘지도 않은 느낌?

매트 한 장으로 분위기 전환!

레스토랑에서 음식을 주문했는데 곁들여져 나오는 빵이 아무 그릇에나 대충 담겨 나오면 서비스에 문제가 있다는 생각이 들 것이다. 하지만 반대로 그 빵이 나무 그릇이나 예쁜 냅킨이 깔린 바구니에 담겨 나오면 기분이 좋을 것이다. 이처럼 센스는 작은 것에서도 드러난다. 게다가 이런 작은 아이디어들이 의외로 큰 역할을 한다.

소파 옆에 두는 커다란 바구니를 보자. 바닥에 그대로

PART 2 | 센스가 돋보이는 색다른 수납 아이디어

after ➡ 우와, 센스 있는 공간이 생겼어.

바구니 밑에 매트를 깔아보자. 센스가 한 단계 올라간다.

응용 방법

같은 톤으로 맞추기   색대비시키기

놓는 것도 괜찮지만 작은 러그나 매트를 밑에 깔아보면 어떨까. 이렇게만 해도 방이 훨씬 화사해진다. 반질반질한 마룻바닥과 거친 바구니처럼 어울리지 않을 것 같은 소재도 매트를 더하면 잘 어우러진다. 매트가 중간에서 분위기를 조절해주기 때문이다. 보기 안 좋을 수 있는 것도 센스를 살짝 발휘하면 일부러 꾸민 것처럼 보일 수 있다. 실용적인 바구니가 공간을 빛내는 주역으로 변신한 것처럼.

「즉석 라벨로 멋을 낸다」

before

이렇게 해보자

1 잡지에서 쓸 만한 글자를 찾는다.

2 여백을 남기고 자른다.

3 클립으로 고정한다.

깔끔하게 정리함을 놓긴 했는데 어디에 뭘 어떻게 정리해야 할까?

정리함에 간단한 라벨을

간단하면서 보기 좋은 라벨을 만들어보자. '영수증', '○○신청용지' 같은 사무실 느낌도, 구청 라벨기로 만든 아저씨 느낌도 아닌, 좀 더 집의 분위기에 잘 어울리는 귀여운 라벨이다.

우리나라의 집들은 그렇게 크지 않아서 대부분 어디에 무엇이 있는지 대충 파악하고 있다. 서로를 부르기 힘들 만큼 넓은 저택도 아니니 상자 한두 개를 빼면 찾고 싶은 물건을 바로 찾을 수 있을 것이다. 그렇다면 정리

PART 2 | 센스가 돋보이는 색다른 수납 아이디어

after ➡ 라벨을 붙일 때는 이렇게!

알파벳만으로도 충분히 알아볼 수 있다.

함에 붙일 라벨도 암호화해서 간단하게 만들 수 있지 않을까? 방법도 쉽다. 오래된 잡지에서 깔끔한 알파벳 글씨를 잘라 클립으로 고정하면 끝이다. 고민해서 고른 정리함의 디자인을 해치지 않고, 내용물이 바뀌더라도 상자에 손상이 가지 않게 뺐다 끼웠다 하면 되니 간단하면서도 효과가 좋다.

「책장을 멋지게 꾸민다」

before

함께 고른 책장이 도착했다.

장르별로 책을 꽂아봤지만 왠지… 그냥 그렇네.

책장에서 '나만의 장식장'으로

요즘은 책장도 단순히 책만 꽂아두지 않는다. 책과 함께 멋진 오브제나 좋아하는 물건을 진열해서 자신의 센스를 발휘하는 이른바 '나만의 장식장'으로 활용하는 경우가 늘어나고 있다. 책장이 학구적인 이미지에서 개인 취향이 담긴 장식장으로 진화하고 있는 것이다. 거실이나 방에 이런 재미있는 책장이 있으면 새로운 가족이 생긴 듯 설렐 것이다.

책장 겸 장식장을 잘 꾸밀 수 있을지 걱정할 필요는 없

PART 2 | 센스가 돋보이는 색다른 수납 아이디어

after ➡ 나만의 전시장을 만들자.
책은 빽빽하게 꽂을 것!

다. 책을 정리하는 방법을 바꾸면 된다. 일반적인 방법으로 책을 꽂다보면 불안정한 틈이 책장 여기저기에 생긴다. 이럴 때는 책을 장식품에 어울리는 배경이 되도록 쌓거나 같은 높이의 책을 한데 모아서 앞면을 맞춘다. 책을 먼저 정리한 다음에 장식품이나 좋아하는 물건을 조금씩 배치하면 멋지고 깔끔하게 연출할 수 있다. 지성과 감성이 어우러진 '나만의 장식장'이 탄생된다.

「잘 보이는 물건들을 보기 좋게 바꾼다」

before

드라이어가 나와 있다.

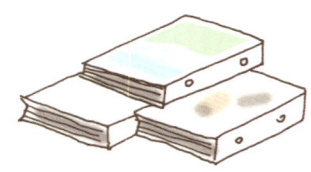
현관에 널려 있는 아이 장난감

프린트해서 모아둔 사진

화분 주변의 지저분한 물건들

한쪽 구석에 세워둔 청소용 솔

물건들을 어울리는 통에 담는다

물건들이 밖에 나와 있는 이유는 다양하다. 늘 보고 싶거나, 자주 쓰거나, 습관적으로 두거나…. 그렇다면 나와 있는 물건에 작은 아이디어를 더해서 예쁘게 바꿔보자. 편리를 중시한 정리법이나 실용적인 아이디어는 일단 잠시 접어두고, 무조건 보기 좋은 쪽으로 바꾼다.

물건들을 잘 어울리는 통에 담아보자. 청소할 때 쓰는 솔은 마치 한 세트같이 잘 어울리는 유리 꽃병에 담는

PART 2 | 센스가 돋보이는 색다른 수납 아이디어

after
➡ 안 쓰는 토트백에 드라이어를 넣으면 어떨까?

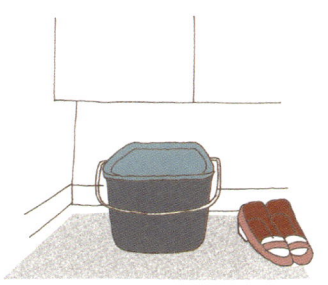

세련된 디자인의 플라스틱 바구니에 넣는다.

자주 보고 싶은 사진을 모아서 컵에 담는다.

멋진 양동이에 넣어서 정돈한다.

유리 꽃병에 넣어두면 보기 좋다.

토트백에 넣으면 깔끔하다.

다. 밖에 꺼내두면 가장 눈에 띄면서 미관을 해치는 1순위 품목. 드라이어는 안 쓰는 토트백에 넣는다. 원칙이 항상 최고는 아니다. 문득 떠오른 작은 아이디어나 센스를 발휘하면서 가볍게 즐긴다. 기능성보다 예쁘게 꾸미는 걸 더 좋아하고 잘하는 사람이라면 자신이 잘하는 걸 하면 된다. 물건과 통을 조화시키는 건 각자에게 주어진 미지의 영역이다. 감각을 총동원해 직접 도전해 보자.

「옷장 문을 열 때 설레게 만든다」

before

옷장은 다양한 옷 색깔이 섞여서 생각만큼 깔끔해지기 힘들다.

좋아하는 물건이나 진한 색을 활용한다

나는 숄 마니아다. 마음에 드는 무늬나 색깔의 숄을 발견하면 끝끝내 고민하다가 결국 사고 만다. 이렇게나 좋아하는 숄을 산 뒤에는 옷장 문 안쪽, 직접 만든 옷걸이에 3열로 나란히 걸어둔다. 옷장 문을 열 때마다 약 20장의 숄이 인사라도 하듯 나를 반기니 기분이 나빠질 틈이 없다. 덕분에 매번 옷장을 열 때마다 자연스레 만면에 미소가 떠오른다.

한편, 방송이나 잡지 촬영 현장에서 옷장을 정리할 때

PART **2** | 센스가 돋보이는 색다른 수납 아이디어

는 조금 진한 색의 정리함을 가져간다. 옷장은 옷의 종류만큼 여러 가지 색깔이 섞이는 공간이라서 산만해 보이기 쉬운데, 진한 색을 쓰면 확실하게 강약이 생기기 때문이다.

옷장은 정리하기 어려워 골치 아픈 공간이기도 하지만, 원래 아름다워지는 공간이다. 솔 등 좋아하는 품목을 눈에 띄는 곳에 두거나 진한 색으로 활기를 주면 문을 열 때마다 기분이 좋아질 것이다.

「좋아하는 물건을 둔다」

좋아하는 향수를 현관에 둬볼까?

before

after

어라, 두긴 했는데 보기에 좋지 않네?!

신발 상자에 넣어보자.

자연스럽게 정리하게 만드는 비책

얼마 전에 새 꽃병을 샀다. 꽃을 가지째 꽂을 수 있을 만큼 크고 바닥이 무거운, 안정감 있는 스타일로 골랐다. 주방 카운터 한쪽에 두었더니 상상했던 대로 아주 잘 어울려서 만족스러웠다. 그런데 메인이 되는 꽃병이 생기니 꽃병 주변도 신경이 쓰였다. 지금까지 적당히 포개놓았던 컵이나 대충 두었던 잡동사니들을 정리했다. 꽃병 하나에서 시작해 주변까지 정리가 되어 어느새 멋진 공간이 되었다.

➡ 아하! 좋아하는 물건을 두면 주변까지
신경이 쓰여 자연스레 정리가 되네.

새로 장만한 다기 세트.
잘 보이게 내놔야지.

후후, 마음에 드는 스탠드를 찾았다.

다기 세트를 둔다면 여기지.

너저분하면 보기 안 좋으니 정리해야지!
볼 때마다 기분이 좋아지네.

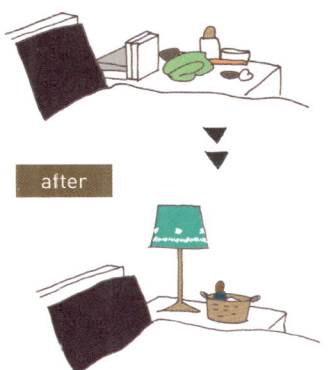

작은 물건들을 한데 모았더니
스탠드가 돋보인다.

이처럼 좋아하는 물건을 두면 주변을 깨끗이 치우려는 의욕이 생겨 자연스럽게 정리정돈으로 이어진다. 이는 수납과 인테리어를 이야기할 때 꼭 말해주고 싶은 방법인데, 의무감에 하는 것이 아니라 공간을 보기 좋게 만들고 싶다는 마음에서 아주 자연스럽게 정리가 시작되기 때문이다. 항상 의무감에 시달려 정리정돈을 하면 지치기 마련이다. 좋아하는 물건이 가져다주는 위대한 변화를 꼭 느껴보길 바란다.

「책을 멋지게 배치한다」

before

책이 빈틈없이 꽉꽉 들어차 있어서 답답한 느낌이다.

역시 눈물 나.

정리하려는데 대량의 만화책 발견. 어떡하지?

조금씩 배치한 책들이 왠지 안 어울린다.

책이 주는 맛, 보여주기와 감추기!

책 높이 맞추기나 표지 보여주기 같은 정리법은 널리 알려져 있다. 이번에는 그보다 한 단계 더 나아간 방법을 소개한다. 정리는 했는데 영 마음에 들지 않거나 깔끔하고 차분한 공간에서 책장만 유독 눈에 띈다면, 화려한 제목과 색깔을 자랑하는 요란한 책등(책을 매어 놓은 쪽) 탓이다. 특히 만화책은 책등이 복잡한 데다 하나의 시리즈가 몇 십 권이나 되어 산만해 보인다. 시리즈를 전부 모았다는 기쁨이 좀 가라앉고 나면 책

PART 2 | 센스가 돋보이는 색다른 수납 아이디어

after ➡ L자로 배치하니까 마치 서점 같잖아?
역시 책은 좋다니까.

책의 권수를 줄이고 L자로 배치하면 깔끔하고 멋지다.

책배가 보이게 쌓아서 안쪽에 모두 넣는다.

귀여운 표지의 책을 앞에 두면
인테리어 포인트가 된다.

인테리어와 잘 안 어울리는
만화책은 책등이 안 보이게 둔다.

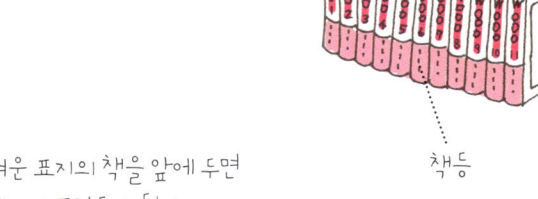

책배

책등

등을 돌려서 책배(책등의 반대쪽)가 보이게 정리한다. 책등을 감추기만 해도 눈에 보이는 게 줄어들어 깔끔해진다. 또 아끼는 책이나 표지가 멋진 외국 책의 경우, 앞에 몇 권을 쌓고 뒤쪽에 세워서 두는 L자 배치로 진열하면 책의 매력을 최대한 살릴 수 있다. 책은 아끼는 물건인 만큼 인테리어의 일부로 녹아들면 더 뿌듯할 것이다.

「문이 달린 가구를 따스하게 꾸민다」

깔끔하게 꾸미려고 무조건 물건을 감추다보면 왠지 썰렁해지고 만다.

썰렁한 방은 이렇게!

문이 있는 가구는 정리를 잘 못하는 사람에게 참 고마운 가구다. 아무리 안이 어지러워도 문만 닫으면 거짓말처럼 깔끔해지니 얼마나 다행인지 모른다. 나도 가구를 살 때면 문이 달린 것을 고르곤 한다.

하지만 뭐든지 감출 수 있다고 해서 모두 집어넣는 것은 금물이다. 물건이 아무것도 없는 집은 깔끔하다기보다 사람이 없는 대기실 같아서 따뜻한 느낌이 나지 않는다. 물건은 제2의 가족처럼 집 안에 활기를 더하

PART 2 | 센스가 돋보이는 색다른 수납 아이디어

after
➡ 커플 품목과 키다리 품목으로 이미지 변신!

이렇게 해보자

커플 / 키다리

커플 / 키다리
목제 그릇과 꽃병

30cm 정도
크고 작은 연필통과 액자

커플 품목으로 시선을 정리하고 키다리 품목으로 포인트를 주자. 높낮이 차이를 주어 균형을 맞춘다.

47

문을 닫으면 잡동사니가 가려진다.

는 존재이다. 아무리 깔끔파라도 물건이 가져다주는 장점을 잊지 말았으면 한다. 무얼 어디에 놓을지 고민이 될 때는 가구를 무대로 생각하고 메인이 되는 커플 품목과 포인트가 되는 키다리 품목을 배치해보자. 높낮이에 차이를 두면 장식이 되면서 집 안 분위기가 따스해진다.

「기분이 좋아지는 도구로 바꾼다」

before

집안일이 즐거워지는 도구 투입!

신문에 칼럼을 연재할 때 오스트레일리아의 유기농 세제 브랜드인 머치슨 흄(Murchison-Hume)를 소개한 적이 있다. 이 브랜드의 세제는 패키지도 예쁜 데다 뿌릴 때 나는 향기가 아주 좋다. 가격대가 좀 높아서, 세제에 뭐 그렇게까지 돈을 쓰냐고 하는 사람도 있을 것이다. 하지만 고급 차를 타거나 유명한 뮤지컬을 즐기는 것처럼, 가끔은 집안일을 할 때도 작은 사치를 누려도 괜찮지 않을까. 이 세제로 집안일을 하면 고급스

PART 2 | 센스가 돋보이는 색다른 수납 아이디어

after ➡ 사용하는 건 나!
도구 하나로 기분도 바뀐다.

러운 향기가 집 안에 퍼져서 기분이 무척 좋아지기 때문이다.
꼭 비싼 것을 사야 하는 것이 아니라 스스로 기분 좋아지는 것을 사면 된다. 천 원짜리 고무장갑이라도 좋

아하는 색깔을 쓰면 기분이 좋아지는 것과 같다. 하기 싫을 때도 의무적으로 해야 하는 집안일. 이런 작은 사치로 스스로에게 즐길 거리를 주면 즐겁게 일을 하는 데 도움이 된다.

「리필용 병을 바꾼다」

before

리필용 세제나 샴푸 병을 별 생각 없이 고르고 있지는 않은지?

병이 제각각 따로 논다.

귀여워서 사긴 했는데 집에 있는 물건과 안 어울린다.

예쁘긴 한데 용량이 적다.

눈에 띄는 디자인보다 주위와 잘 어울리는 디자인으로

예전에 첫 책에서 샴푸나 세제를 좋아하는 병에 넣어서 써보라고 제안했었다. 원래 담겨 있던 병들은 크기도 제각각이고 대부분 로고가 화려해서 인테리어와 영 안 어울리는 경우가 많기 때문이다. 사실 당시에는 세제를 리필해 쓰는 것이 일반적이지 않아서 옮겨 담을 수 있는 병도 많지 않았다. 하지만 요즘은 리필용 제품이 많이 나와 리필용 병도 종류와 디자인이 매우 다양해졌다.

PART 2 | 센스가 돋보이는 색다른 수납 아이디어

after ➡ 세제나 샴푸 병은 매일 보는 물건들!
신경 써서 고르자.

욕실

바구니 소재와 맞춰
스테인리스 병을 골랐다.

나무 수저에 맞춰 도기 병을 골랐다.

주방

아, 흘렸어.

자라홈에서 소녀 감성의 병들을 샀다.

화장대

욕실이나 주방에서 쓰는 샴푸나 세제 병은 반드시 장소와 잘 어울리는지를 고려해서 골라야 한다. 매일 보는 물건이기 때문에 그 자체의 디자인이 눈에 띄는 것보다 다른 물건들과 잘 어울리는 것을 골라야 질리지 않고 오래 쓸 수 있다. 참고로 자라홈에는 감성적인 디자인에서부터 섹시 여배우에게나 어울릴 법한 개성 있는 디자인까지 다른 데서 보기 어려운 다양한 디자인의 제품이 있다.

「가슴을 뛰게 하는 목표를 세운다」

둘만의 회의 중. "어떤 집으로 만들고 싶어?"

왠지 좀 그렇네~

그저 물건을 정리하기만 해서는 의욕이 생기지 않는다.

만들고 싶은 집을 머릿속에 그린다

이사든 대청소든 물건 정리하는 일을 계속 하다보면 피로가 쌓인다. 빨리 해치우고 싶은 마음에 청소와 정리만 끊임없이 하는데도 생각처럼 잘 되지 않을 때는 휴식을 취하는 게 좋다.

그리고 만들고 싶은 집을 그려본다. 무슨 일이든지 목표를 이미지로 그려놓고 하면 일이 더 잘 되는 법이다. '여름에 비키니를 입어야 하니까 조깅으로 3kg 빼야지' 같은 것이 좋은 예이다. 막연히 살을 빼고 싶다고

PART 2 | 센스가 돋보이는 색다른 수납 아이디어

after   ➡ 목표가 생기면 일에 활기가 생긴다.

이렇게 해보자

벽에 모자를 걸어서
포인트로 삼았다.
작은 핀을 사용했다.

보드용핀

'깔끔한 방으로 만들고 싶으니까 보기 싫은 물건은 싹 치우자.'
목표를 정해 이미지를 그려보면 정리도 즐거워진다.

생각하는 것보다 비키니를 끌어들여 상상하면 의욕이 더 솟는다.
그저 단조롭게 열었다 닫았다 넣었다 뺐다 하는, 정리에서 빼놓을 수 없는 반복 작업도 설레는 목표를 세우면 일을 대하는 기분이 달라진다. '벽에 모자를 걸어볼까? 가방을 밖에 꺼내두면 어떨까?' 하는 식으로 정리가 끝났을 때의 모습을 머릿속에 그려보면 몸도 더 의욕적으로 움직일 것이다.

수납은 '완벽함'보다 '편안함'을 목표로 삼는다

벨기에의 앤트워프에 다녀온 적이 있다. 앙증맞은 마을에 앤티크 숍이 나란히 늘어서 있었다. 부푼 가슴을 안고 신이 나서 가게에 뛰어들어 지금 사지 않으면 반드시 후회할 것 같은 물건들을 여럿 샀다. 집에 돌아와서는 사가지고 온 물건들을 진열할 생각에 가슴이 뛰었다. 책장 한쪽에 두거나 갖고 있는 물건들과 함께 놓아보았다. 앤트워프에서 산 꽃병과 집 근처에서 산 꽃병이 나란히 있는 모습이란…. 설렘이 가득한 순간이다.

이처럼 새로운 물건을 마주할 때마다 흥분을 감추지 못하는 나로서는 좋아하는 물건을 가까이서든 멀리서든 볼 수 있게 해놓고 사는 게 무엇보다 편안하고 기분 좋다. 물건을 최소한으로 줄여서 완벽하고 깔끔하게 꾸미거나 한 치의 흐트러짐 없이 정리하는 것보다 크게 나눠 편하게 정리하면서 사는 쪽이 더 좋다. 내가 되고 싶은 사람은 정리에 신경을 쓰면서도 필사적으로 매달리지 않는 사람이다. 정리정돈도 어디까지나 공간 꾸미기의 일부이기 때문이다. 물건도 애정을 담아 사용하고 정리한다. 이러한 생활방식은 집에 그대로 나타난다고 생각한다.

수납의 달인이라고 하면 100% 완벽함을 추구하고 소품 하나하나에 마련해둔 지정석이 있을 것 같은 이미지다. 하지만 이거야말로 장인의 기술이 필요한 수준, 즉 마니아의 영역이라고 해야 하지 않을까. 대부분의 사람들이 원하는 것과는 동떨어져 있고 비현실적이니 말이다.

우리의 삶은 예측할 수가 없다. 모든 것을 완벽하게 정리해놓고 싶어도 친척이 귤 한 상자를 보내주거나 아이 물건이 늘어나는 등 예상 밖의 물건이 점점 늘면서 어쩔 수 없이 흐트러지게 된다. 이러한 변화를 기분 좋게 받아들여야 늘어나는 물건, 줄어드는 물건, 만나는 물건, 헤어지는 물건들을 지혜롭게 받아들일 수 있다. 또한 이것이야말로 쾌적한 정리법이라고 생각한다. 수납의 목표는 '완벽함'보다 '편안함'이다. '완벽함'을 추구하며 안 되는 일에 스트레스를 받기보다 '편안함'을 지향하며 기분 좋게 살아가는 쪽이 멋있지 않을까?

어수선한 분위기, 작은 물건이 문제다

골칫덩어리들을 해결하는
똑똑한 정리법

3

손끝을 작은 가시에 찔리면 겉으로는 티가 안 나도 계속 따끔거리면서 신경이 쓰여요. 정리가 끝났는데도 왠지 마음에 안 들고 쓰기 불편할 때가 있지 않나요? 가시처럼 소홀하기 쉬운 작은 물건들이 원인일지 몰라요. 집 안이 어질러지는 악순환을 끊는 기술을 알려드릴게요.

「어질러지는 악순환을 끊는다」

before

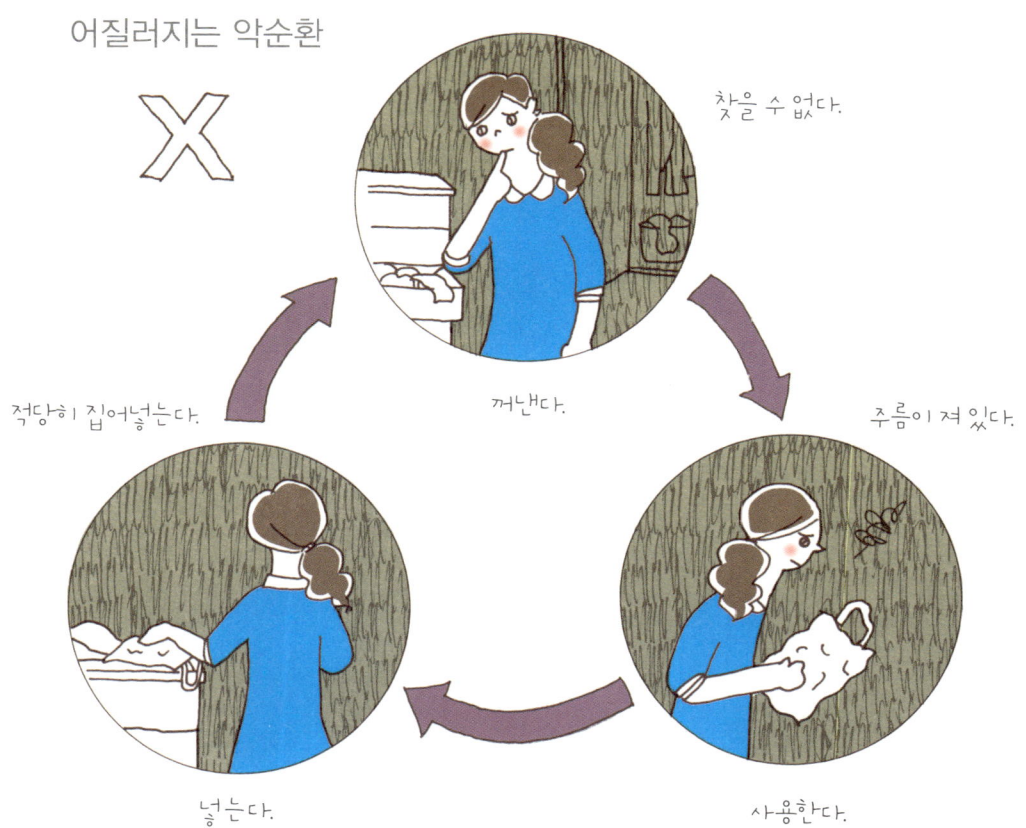

어질러지는 악순환

넣는 방법을 바꾸면 생활이 변한다

매일 집에서 쓰는 물건들은 보통 '꺼낸다 → 쓴다 → 넣는다'를 차례대로 반복하게 된다. 집 안이 어질러지는 원인은 이 3단계 중에서 '넣는다' 부분이다. 위의 그림과 같은 경험이 있는지 떠올려보자. 그때 만약 귀찮아 하지 않고 제대로 수납했다면, '꺼낸다' 단계에서도 허둥지둥 찾을 필요가 없고, '사용한다' 단계에서도 깨끗한 물건을 기분 좋게 쓸 수 있었을 것이다.
일 관계로 가구 공방을 방문하다보면 목수 아저씨들이

PART 3 | 골칫덩어리들을 해결하는 똑똑한 정리법

after ➡ 수납을 스마트 순환으로 바꾼다.

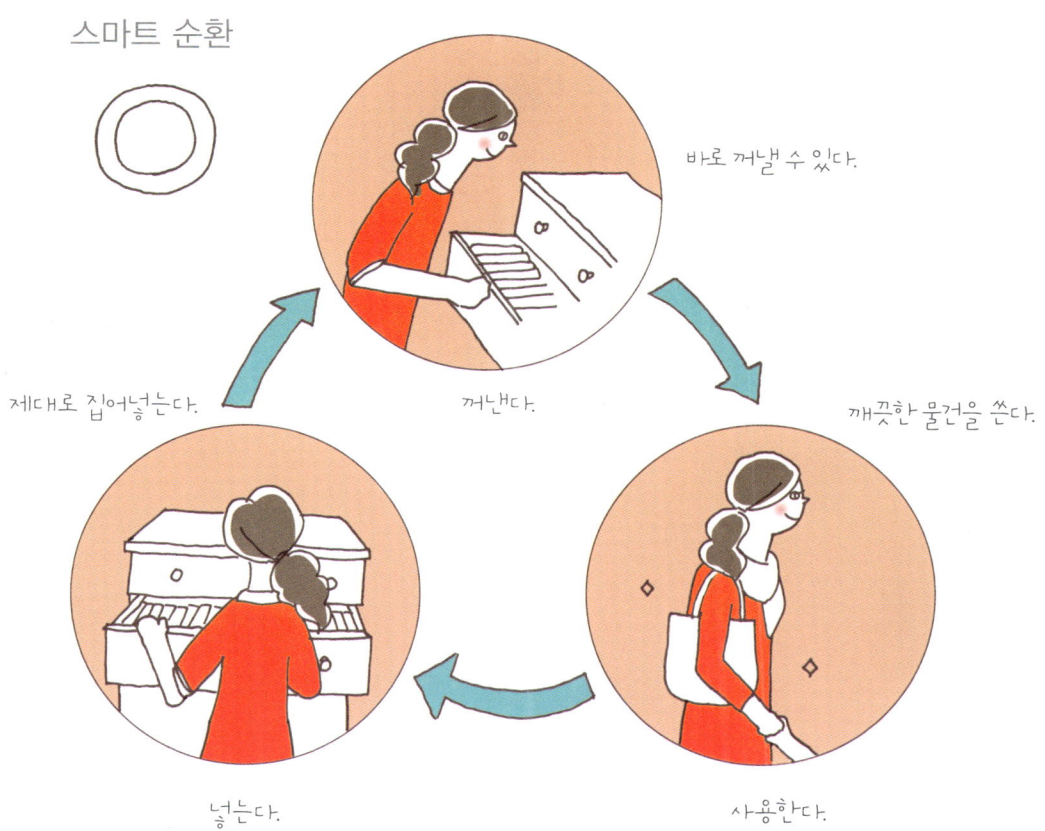

스마트 순환

바로 꺼낼 수 있다.
꺼낸다.
깨끗한 물건을 쓴다.
사용한다.
넣는다.
제대로 집어넣는다.

퇴근 준비를 하면서 도구들을 정확하게 정리하고 돌아가는 걸 볼 수 있다. 항상 최고의 상태로 '사용할' 수 있도록 정성 들여 '넣어서' 내일을 준비하는 것이다. 거실이 늘 지저분하거나 우편물이 테이블에 쌓이는 등 집 안이 자주 어질러진다면 넣는 단계에 문제가 있을지 모른다. 물건을 제자리에 두기 편하게 공간을 꾸미자. 정리법을 바꾸면 생활이 더 편리해지는 스마트 순환으로 바뀔 수 있다.

「액세서리를 정리한다」

지쳐서 퇴근한 날에는 옷을 갈아입는 것도 짜증이 난다.
액세서리는 여기저기 던져두고 방치하기 쉽다.

작은 액세서리는 비닐봉투에 간편하게

액세서리를 정리할 때면 보통 칸이 작게 나뉜 아크릴 정리함이나 작은 주머니 등을 쓴다. 이런 것들은 종류와 가격이 다양하지만, 보기에 예쁘지 않고 액세서리가 섞일 수 있어 쓰기에도 불편하다.

쿠키를 낱개 포장할 때 쓰는 투명한 비닐봉투는 작은 액세서리를 정리하는 데 최고다. 작은 것으로 준비해 액세서리를 하나씩 담으면 섞이지도 않고 찾기도 쉽다. 귀고리나 서로 엉키기 쉬운 가는 목걸이도 여기에 담

PART 3 | 골칫덩어리들을 해결하는 똑똑한 정리법

after
➡ 쿠키 포장용 비닐봉투에 넣는다.

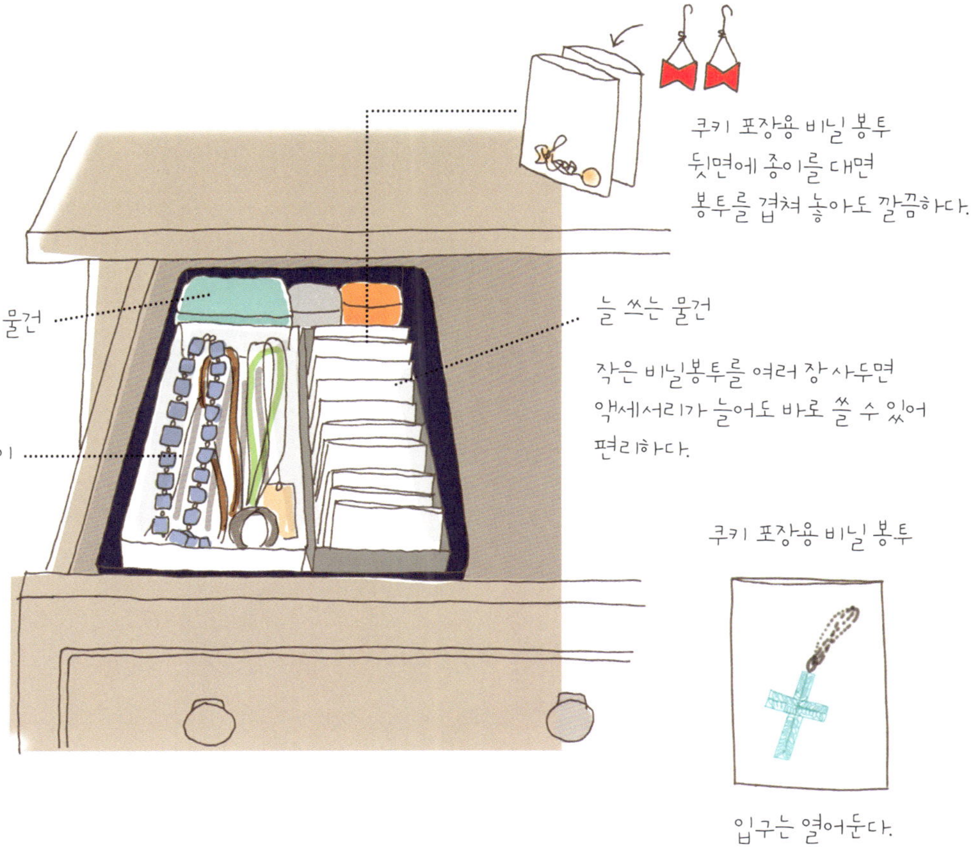

쿠키 포장용 비닐 봉투 뒷면에 종이를 대면 봉투를 겹쳐 놓아도 깔끔하다.

중요한 물건

긴 목걸이

늘 쓰는 물건

작은 비닐봉투를 여러 장 사두면 액세서리가 늘어도 바로 쓸 수 있어 편리하다.

쿠키 포장용 비닐 봉투

입구는 열어둔다.

서랍에 A4 정도 크기의 공간을 마련해서 액세서리를 정리한다.
작은 것은 하나씩 봉투에 넣는다.

으면 걱정 없다. 종이를 봉투 크기에 맞게 잘라서 넣고 그 앞으로 액세서리를 넣으면, 봉투를 여러 개 겹쳐 놓아도 뒤에 있는 액세서리가 보이지 않아 깔끔하다. 입구는 테이프 부분을 잘라내 열어두는 것이 쓰기 편하다.

엄마도 써봐.

값도 싸고 수십 장이 들어 있어 다른 사람이랑 나눠 쓰기 좋다.

「우편물은 현관에서 바로 정리한다」

현관

어서 들어가자.

이렇게 해보자

현관에 쓰레기통을 두면 편리하다.

우편함에서 가져온 우편물을 손에 들고 들어온다.

필요 없는 우편물은 현관 쓰레기통에 넣는다.

어질러지기 쉬운 물건을 바로 정리한다

누구나 딴 길로 샜던 경험이 있을 것이다. 선물을 사러 백화점에 갔다가 다른 물건도 좀 봐야겠기에 기웃기웃 하던 적도 있을 것이고, 쇼핑을 한참 하다가 정작 뭘 하러 나왔는지 까먹는 경우도 있을 것이다. 다른 길로 새는 건 즐겁지만 한편으로는 곤란하기도 하다. 나 역시 딴 길로 자주 새기 때문에 일이 있을 때 먼저 목적지부터 가지 않으면 목적을 달성하기가 쉽지 않은 편이다.

PART 3 | 골칫덩어리들을 해결하는 똑똑한 정리법

➡ 정리를 언제 하는가가 문제였구나….

방

용도에 맞춰서 파일을 준비해두면 바로 정리할 수 있다.

중요한 서류는 뚜껑이 있는 상자에 넣는다.

연금이나 보험 고지서는 클리어파일에 넣는다.

청구서 종류는 클립 바인더에 넣는다.

물건을 정리할 때도 마찬가지다. 우편함에서 가져온 편지나 우편물을 테이블에 두고 장봐온 재료를 냉장고에 넣는 등 다른 일을 하다가 우편물을 정리해야 한다는 걸 까먹고 만다. 우편물을 가져오면 정리부터 하자. 바로 버릴 수 있는 건 바인더에, 중요한 건 클리어 파일에 넣는 식으로 중요도에 따라 파일을 나누면 바로 정리할 수 있다. 그래서 나는 늘 집에 들어오면 파일 쪽으로 직행한다.

「장난감 정리법을 바꾼다」

before

전용 바구니가 있어도 장난감은 어질러진다.

해달라니까 하는 거긴 한데, 이게 뭐지?

이렇게 해보자 180°

장식장 아래에 바퀴를 달고 뒤에 천을 달았다.

장식장을 돌려서 깔끔한 거실로 변신!

아이가 있는 집에서 자주 겪는 딜레마 중 하나는 아이를 거실에서 놀게 하고 싶지만 어른들이 편히 쉴 수 있는 인테리어도 필요하다는 것이다. 문제는 늘 그렇듯이 장난감 정리다. 옷이나 그릇은 공간만 있으면 정리할 수 있지만, 아이들 장난감은 공간이 있어도 항상 바로 치우지 않으면 안 된다. 게다가 장난감들은 색깔이 다양하고 화려해 정리하기가 더 어렵다.

아이도 어른들도 만족할 수 있는 아이디어를 소개한

`after` ➡ 바퀴를 달아서 빙글빙글.
지저분한 잡동사니가 순식간에 싹!

손님이 왔을 때는 뒤로 돌려서 잡다한 물건을 감추면 깔끔하다.

다. 작은 장식장 바닥에 바퀴를 달고 뒤에 어른들 취향의 심플한 천을 달면 된다. 평소에는 즐겁고 북적북적한 놀이방이었다가, 장식장을 뒤로 돌려놓으면 장난감이 가려지고 깔끔한 어른들의 거실로 변신한다. 장식장을 따로 정리할 필요도 없다. 피곤한 몸을 이끌고 퇴근한 남편을 쉬게 하고 싶을 때, 어른들끼리 느긋하게 이야기를 나누고 싶을 때 간단하게 분위기를 바꿀 수 있다.

「산더미같이 쌓인 스타킹을 정리한다」

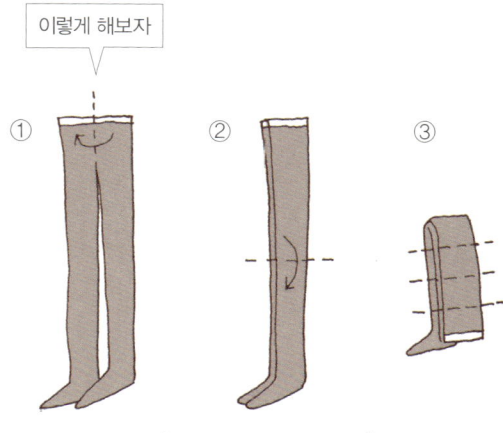
몇 번 접어서 짧게 만든다.

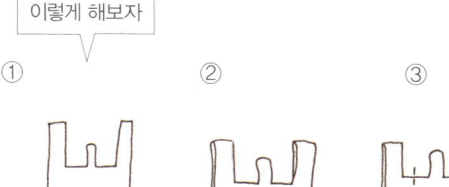
이런 방법으로 접으면 쓰기 편하다.

사각형으로 접어서 상자에 쏙!

매년 겨울이 되면 스타킹이 문제다. 나도 모르게 옷장 안에 스타킹들이 산더미처럼 쌓이기 때문이다. 별 생각 없이 가볍게 샀던 과거의 자신이 원망스러울 정도로 넘쳐서 도통 정리할 엄두가 나지 않는다. 비닐봉지도 마찬가지인데, 이런 물건들을 깔끔하게 정리하지 못하는 것은 길이 때문이다. 길이가 기니까 접는 게 귀찮아서 그냥 대충 묶어서 두는 것이다.

그렇다고 이렇게 묶어두면 스타킹은 주름이 잡히고 비

➡ 아~ 옷장 안도 완전히 제맘대로야….

④ 허리 부분을 한 바퀴 감는다.
⑤ 10cm × 10cm
⑥ 이렇게! 상자에 넣으면 늘어나지 않는다.

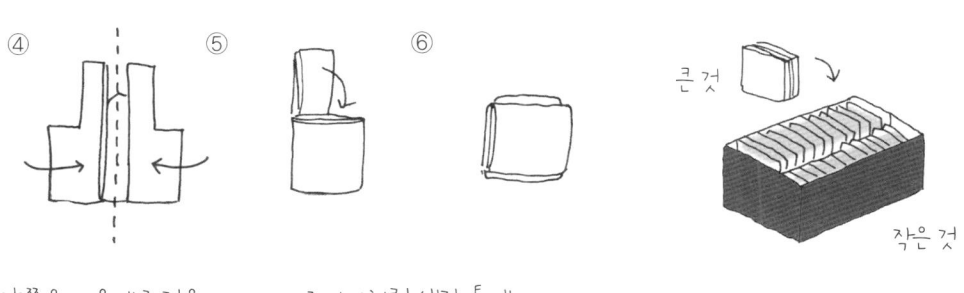

④ 양쪽을 가운데로 접은 다음 반으로 접는다.
⑤ 주머니처럼 생긴 틈에 손잡이를 집어넣는다.
⑥
큰 것 / 작은 것

닐봉지는 공간을 차지한다. 이런 물건들을 빠르게 정리하려면 길이를 짧게 줄여 사각형으로 만들어야 한다. 그러면 상자에 넣기 편해져 여기저기 늘어놓지 않게 된다. 접는 방법은 간단하다. 손이 기억하면 습관이 된다. 포기해서는 안 된다.

무섭다.

「색색의 물건들을 정리한다」

before

색깔이 많은 게 문제다

요즘 잡화점에서 파는 생활용품들의 색이 굉장히 화려하다. 원색을 넘어서 쇼킹 핑크 색 국자, 시트러스 그린 색 체, 보라색 컵 등 강한 비비드 색 물건이 즐비하다. 이런 걸 집에 들여놨다가는 집 안이 엄청 복잡해질 텐데 다들 장바구니에 잔뜩 담는 걸 보면 의외로 인기가 좋은 모양이다.

작은 생활용품들은 공간과의 조화보다 하나하나의 매력에 이끌려 사게 된다. 그렇기 때문에 눈에 띄는 화려

after ➡ 물건만 어지러운 게 아니구나.

한 색을 고르기 쉽다. 한두 개 정도야 독특하다며 웃어넘길 수 있지만, 많은 물건이 저마다 화려함을 뽐내다 보면 괴상한 존재감이 생겨 무시할 수 없게 된다. 생활용품은 작아도 생각보다 오래 쓰는 데다 평소에 잘 보이기 때문에 색깔이 여러 가지면 물건이 많을 때처럼 잡다한 인상을 준다. 모처럼 정리했는데도 깔끔해지지 않는다면 지나치게 컬러풀한 물건들을 의심해볼 필요가 있다.

「트레이를 활용한다」

before

물건이 많으면
일상생활까지 불편해진다.

예를 들면, 능숙하게 정리하지 못해서
냉장고의 음식이 썩거나

수건 관리를 잘못해서 넣고 꺼내기 불편하거나

자기야, 봐봐.
정말 섬세하게 만들어졌다니까.

취향에 따라 바뀌는 장난감이 거실에 돌아다니거나

갈 곳 잃은 물건이야말로 트레이가 안성맞춤!

남편이 탄산음료에 따라오는 모형 비행기를 테이블에 몇 개나 늘어놓은 적이 있었다. 별 볼일 없는 물건이라 버려도 되냐고 물었더니 절대 안 된다기에 그대로 놔뒀다. 그런데 한 달도 지나지 않아 질렸다면서 아무데나 버려두는 게 아닌가. 뒤집힌 채 여기저기 굴러다니는 비행기들이라니, 정말!

살다보면 이러한 물건들이 집에 들어올 때가 있다. 용도가 정해져 있는 물건들은 어떻게 관리해야 할지 대

PART 3 | 골칫덩어리들을 해결하는 똑똑한 정리법

after ➡ 바로 먹는다, 질릴 때까지 둔다,
언젠가 버린다… 용도로 나눈다.

Tray 1

'바로 먹을 수 있는 것 트레이'를 준비해서 음식 재료는 물론 유통기한이 얼마남지 않은 식품을 담아둔다. 썩는 걸 막을 수 있고 정리하기도 쉽다.

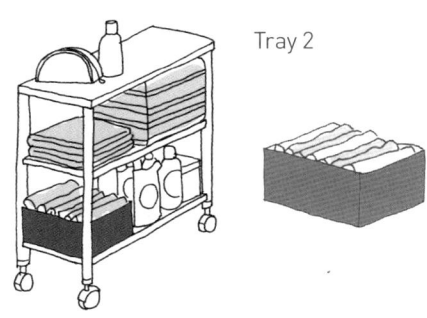

Tray 2

'언젠가 버릴 것 트레이'를 준비한다. 낡은 수건은 나중에 걸레로 쓰기 위해 여기에 담아둔다.

Tray 3

그 카드 아직도 갖고 있어?
여기에 있어.

'질릴 때까지 둘 것 트레이'에 단기간 동안 즐길 수 있는 물건을 보관한다.
많이 들어가지 않도록 작은 트레이를 준비한다.

충 감이 잡힌다. 이불은 5년 이상 쓸 거고, 저장해둔 식품들은 한 달 내에 없어질 거라고 예상할 수 있다. 그에 비해 별 생각 없이 갖고 있거나 언제까지 두어야 할지 알 수 없는 물건들은 관리하기가 애매하다. 이런 물건들은 '바로 먹을 것, 질릴 때까지 둘 것, 언젠가는 버릴 것'처럼 용도나 기간으로 나눠서 트레이에 정리해보자. 먹거나 버릴 타이밍을 놓치지 않고 지혜롭게 관리할 수 있다.

「남자의 물건을 정리한다」

before

거실에 쌓이는, 용도를 알 수 없는 남자 물건들. 전부 쓸모없어 보이는데…

작은 물건들도 지정석을

남자들에게는 미안하지만 남자가 거실에서 쓰는 물건들은 왜 그렇게 용도를 알 수 없는 것들뿐인지 모르겠다. 정체를 알 수 없는 전선이며 부품들은 필요한 건지 아닌지 알 수가 없다. 깔끔한 거실에 방해가 되는 남자의 물건. 생각 같아서는 버려버리고 싶지만 그랬다간 100% 싸울 게 분명하다.

우선 눈에 안 보이도록 치운다. 한 곳에 쌓아두면 또 점점 늘어날 테니. 물건들도 남편 것과 아내 것을 나눠

after ➡ 수수께끼의 전선, 수수께끼의 부품, 수수께끼의 CD…. 이거 필요해?

지정석이 생기면 보기에도 깔끔하고 남편도 좋아한다.

각자의 정리함에 넣는다. 남자들은 자신만의 영역이 생기는 걸 좋아하는 듯하다. '이건 당신 상자니까 마음대로 해'라고 하면 기뻐할 것이다. 그러면서 방이 지저분해지니까 여기서는 꺼내지 말아달라고 한마디만 부탁해보자. 생각보다 잘 이해해줄 것이다.

「정리용품은 예상했던 양의 2배를 산다」

먼저 파일을 2권 산다.

생각했던 양의 2배인 4권을 샀다.

아이의 그림을 나이별로 정리해두고 싶어졌다.

정리를 헛수고로 돌리지 않기 위해

정리를 열심히 하다가 도중에 좌절해본 경험이 한 번씩 있을 것이다. 열의 자체가 사라지는 경우도 있지만, 그보다 더 큰 원인은 도구가 부족해서가 아닐까. 그림들을 정리할 생각에 파일을 산 건 좋았는데, 실제로 한 장씩 끼워나가다 보니 넉넉할 줄 알았던 파일이 금세 다 차버려 머리를 싸매게 되는 것처럼 말이다. 이 경우에 다시 파일을 사러 가는 성실한 사람은 소수이고, 대부분의 사람은 그대로 포기한다.

➡ 도구가 떨어지면 도중에 포기하기 쉽다.
　여유분을 사두었으면 좋았을 걸….

파일이 모자라서 도중에
계획이 틀어지게 되었다.

그림과 파일의 양이 딱 맞아 만족스럽다.

어떤 물건이라도 무작정 쌓으면 많이 들어간다. 하지만 세심하게 정리하려면 여백이 필요해 생각보다 공간이 모자라게 된다. 파일도 그래서 부족해지는 것이다. 정리하려는 의욕이 사라지지 않게 하기 위해서라도 파일 등 정리용품은 예상했던 양의 2배를 사도록 한다.

여행지에서 생긴 추억.
귀여운 종이들을 모아두었다.

「추억을 압축한다」

before

옷장 안에서 잠들어 있는 추억의 물건들

어렵네.

100% 필요 없는 물건이라면 버리겠지만… 애매한 것들은 처리하기 어렵다.

버리기 힘들 때일수록 지혜가 필요하다

내 일이 일이다 보니 수납 때문에 고민할 일은 없지 않느냐고 물어오는 사람들이 많다. 결코 고민이 없을 수는 없다. 나도 한정된 수납공간을 앞에 두고 물건을 다시 정리해보거나 무엇부터 처분해야 할지 고민하면서 살아간다. 그러면서 깨달은 사실인데 불필요한 물건을 모아보면 70% 정도는 바로 버릴 수 있지만, 나머지 30%는 처리하기가 어렵다. 이 30%의 물건이란 대개 비싸거나, 추억이 담겨 있거나, 다시 보고 싶거나, 또

PART 3 | 골칫덩어리들을 해결하는 똑똑한 정리법

after ➡ 압축이란 물건을 버리기 힘들 때 구세주와 같다.

사람에게는 다양한 이유로 버리기 힘든 물건들이 있다.

이렇게 해보자

원래대로 수납하면 공간을 차지할 뿐이다.
압축해서 공간을 줄이자.

부피가 줄면 버리지 않아도 되고
수납하기도 편해진다.

쓰게 될지도 모르는 물건들이라 처분할지를 두고 고민하게 된다.
이럴 때 나는 일단 물건들을 압축해서 보류하는 방법을 쓴다. 부피를 크게 줄일 수 있으니 먼저 공간 부족 문제를 해결할 수 있고, 그 다음에 어떻게 처리할지 천천히 고민하는 것이다. 어질러진 물건들도 자신이 고르고 지금까지 함께 해온 것이다. 제대로 관리하는 습관을 붙여보자.

버리는 후련함을 즐기기보다 지니는 기술을 갈고닦는다

내가 인테리어와 생활 수납의 기초를 쌓은 것은 가구회사에서 상품 디자이너로 근무했던 시절이었다. 당시 책상을 중심으로 왜건, 침대, 정리함, 책가방 등 아이들 방에 들어가는 신상품 개발을 주로 맡아 했었다.

책상은 아이들이 매일 시간을 보내는 곳이다. 살 때는 어린아이 였어도 나중에는 대학생이 된다. 그 때문에 매년 늘어나는 교과서와 학용품을 제대로 정리할 수 있도록 수납공간을 어떻게 만들어야 할지 고민해야 한다. 아이들은 어울리는 옷이 없으니까 책가방을 버리거나, 교과서가 무거우니 옆 사람에게 보여 달라고 할 거라며 가져가지 않는 일은 없으니 말이다.

여러분도 입학할 때 선물 받은 학용품을 소중히 쓰자고 다짐하지 않았을까? 나는 줄곧 상품 개발을 하면서 이러한 고객들의 바람을 고려하는 동시에 오랫동안 쓸 수 있는 상품을 디자인해 왔다. 그리고 이러한 경험이 곧 '필요한 물건은 오래 쓸 만한 것을 사기보다 잘 관리해서 오래 쓴다'는 좌우명으로 이어졌다.

최근에는 정리를 할 때 무조건 버리는 게 유행이다. 버리려면 고

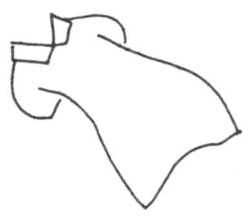

민을 해야 한다. 그래서 몇 초만에 버릴지 말지를 판단하라든지 '나쁜 것'이라 여기고 냉정하게 버리라든지 하는 다양한 방법이 제시된다. 어쨌든 일단 물건을 버리고 나면 물건에 대한 책임감도 같이 사라진다. 어디에 어떻게 보관할지 물건을 배려할 필요가 없어져서 일하기도 편해진다. 어떻게 정리할지 다양한 시도를 하는 것보다 버리는 것이 훨씬 쉬운 건 당연하다.

하지만 이 씁쓸한 기분은 무엇일까. 어른이 돼서 이래도 되는 걸까. 버리고 나서 후련해하기 전에 애초에 버릴 만한 물건을 산더미처럼 산 자체가 잘못된 건 아닐까. 고민 없이 되는 대로 물건들을 사왔으니 버리게 되는 것이다. 디자인의 세계에서 말하는 심플함이란 잔뜩 버려서 없애는 것이 아니라 처음부터 불필요한 것을 넣지 않고 신중하게 쌓아 올리는 것이다. 그리고 마지막으로 자신에게 필요한 물건을 고르는 안목과 물건을 소중히 쓰는 마음이 중요하다. 심플하게 살고 싶다면 버리는 후련함을 즐기기보다 물건을 지니는 기술부터 갈고닦아야 한다.

인테리어 전문가가 시원하게 해결해준다
수납 고민과 궁금증 Q&A

많은 사람들이 수납에 대한 고민을 털어놓거나 궁금한 점들을 묻곤 해요. 질문들을 정리해보니 대부분 비슷한 고민들을 하고 있었어요. 이렇게 한번 해보세요. 수납의 기술은 정말 다양하고 사람에 따라 방법도 가지각색이지만, 기본은 같기 때문에 누구나 적용할 수 있을 거예요.

Q1 정리를 해도 금세 어질러져요.

A 가구를 바꿔보세요.
넓은 시각에서 바라보면
답이 나옵니다.

일로도 개인적으로도 여러 사람으로부터 수납에 관한 고민을 듣는다. 다양한 이야기를 듣다보면 해결법이 자연스럽게 떠올라 꼭 알려주고 싶어지는 것들이 있다. 그중 하나가 바구니를 버리고 가구를 바꾸는 방법이다. 바구니는 예쁘고 활용하기 좋아서 여러 개를 두고 쓰게 되는데, 수가 늘면 오히려 방이 지저분해 보인다. 주머니가 잔뜩 들어 있는 가방을 들고 해외여행을 가는 셈이다. 전체 용량이 적어서 짐이 많이 들어갈 리가 없다. 깔끔하게 정리하려면 방에 가구를 두거나 정리된 수납공간을 만들어야 한다. 정리된 공간이 있으면 규칙과 조화가 생겨서 깔끔해 보인다. 요즘은 이케아, 무인양품. 인터넷 쇼핑몰 등에서 쓰기 편한 가구들을 쉽게 구할 수 있다.

바구니에 물건을 넣어도
바구니 수가 늘어나면 지저분해 보인다.

수납을 제대로 하려면
가구로 공간을 확보하는 편이 좋다.

게으른 성격, 어떻게 해야 할까요? Q2

잘하시네요.

수납은 요리나 자전거 타기와 같다.
익숙해지면 잘하게 된다.

맞아요.
A4 크기는 약 30cm구나.

처음에는 뭐든지 크기를 잰다.

어떻게 수납할지 종이에 적어서 정리해본다.

딱맞네.
그리고 행동으로 옮기면 성공.

A
수납은 성격이 아니라 기술의 문제예요. 먼저 익숙해져야 합니다.

수납을 잘 못 한다고 기죽을 필요는 없다. 못하는 성격이라기보다 해본 경험이 적어서 요령이 없을 뿐이다. 수납을 요리로 바꿔서 생각해보면 이해하기 쉽다. 요리는 개인의 실력 차이가 있긴 하지만 몇 번이고 만들다보면 조금씩 익숙해진다. 수납도 마찬가지다. 직접 손을 움직여서 경험을 쌓다보면 점점 잘 하게 된다.

익숙하지 않은 요리를 할 때는 재료의 분량을 레시피대로 정확하게 재기 마련이다. 수납도 가구나 정리용품의 크기를 정확하게 재서 하면 깔끔하게 정리된다. 실패했다면 왜 실패했는지 잘 생각해보고, 마음에 드는 방법은 계속 도전해본다.

요리책을 바라보기만 해서는 결코 요리 실력이 늘지 않는다. 만들면 만들수록 솜씨도 맛도 좋아지는 요리처럼 수납 역시 하면 할수록 요령이 생긴다.

Q3 수납 계획은 어떻게 짜야 하나요?

질문

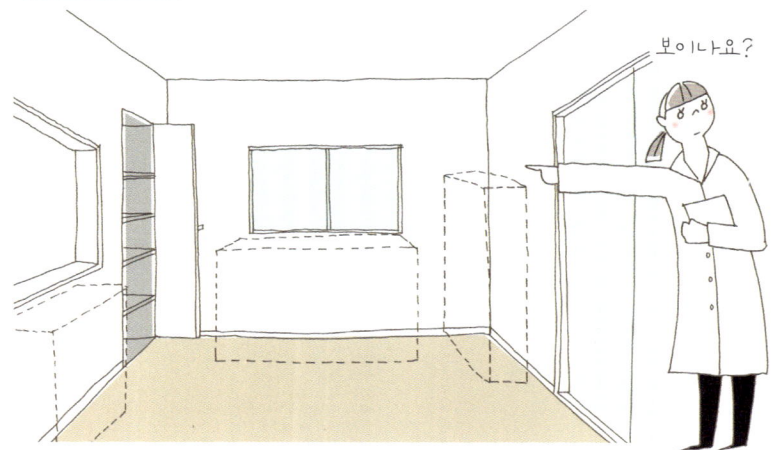

보이나요?

보이는 것 같기도 하고….

아무것도 없는 방에서 가구 배치와 함께 수납공간을 얼마나 할당할지 머릿속에 그려본다.

A 어디에 무엇을 둘지 미리 전체적인 계획을 세워야 해요.

아무것도 없는 방을 보면 어디에 무엇을 둬야 할지 생각하게 된다. 소파는 움직이는 데 불편하지 않도록 자주 다니는 동선을 피해서 두고, 테이블은 문 가까이 두지 않는다는 식으로, 이렇게 방에 맞춰 가구 배치를 하는 것을 레이아웃이라고 한다.

수납 계획도 이와 비슷하다. 무엇을 어디에 넣을지 조금 더 세세하게 짤 뿐이다. 예를 들면 사람 수에 맞춰 그릇은 얼마나 가지고 있어야 할지, 그릇들을 보관하려면 얼만한 크기의 그릇장을 준비해야 하는지, 그릇장을 주방에 둘지 식당에 둘지, 평소의 생활방식을 머릿속에 그려보면서 계획을 세운다. 이렇게 하면 생활하기 편한 공간이 만들어진다.

문제가 생긴 다음에 대처하는 것이 아니라 문제가 생기기 전에 준비하는 것이 집안일의 프로가 가져야 할 자세이다. 계획을 꼼꼼히 세워두면 나중에 가구 배치를 바꾸는 고생을 하지 않아도 된다.

PART 4 | 수납 고민과 궁금증 Q&A

일을 할 때는 사는 사람과 집 안 분위기, 수납 스타일, 가구 종류 등 다양한 패턴을 고려한다. (디자인 스케치는 이런 식으로 완성된다. 이렇게 그려야 프로같이 보이는 걸까?)

서랍장 장식장 다양한 정리용품

넣어둘 물건의 양과 좋아하는 타입을 고려해서 가구를 고른다.

그렇죠. 정말이네요.

가구를 어디에 얼마나 둘지 직접 그려보자. 잘 못 그려도 좋다. 어디에, 어느 높이까지 놓을지 그려보기만해도 수납 계획의 기준이 된다.

빌트인 수납공간에 소품을 두고 서랍장에 자주 쓰는 물건을 넣는 계획

85

Q4 좋은 정리용품 고르는 요령을 알려주세요.

A
정리용품은 첫째가 기능성. 기능성이 떨어지면 결국 다시 사게 돼요.

정리용품을 고를 때는 브랜드보다 먼저 놓을 장소나 조건, 기능에 맞는지를 따져보는 일이 중요하다. (물론 좋아하는 브랜드나 상품을 고를 수도 있다.) 그런 다음 디자인 등을 고려해 꼼꼼히 고른다. 색이 아주 예쁜 프랑스제 파일이라도 크기가 맞지 않으면 장식품에 불과하다.

정리용품을 사러 갈 때는 깊이 ○○cm, 높이 ○○cm, 색깔은 흰색이나 검은색 등 어떤 것을 살 것인지 머릿속에 확실히 넣어둔 다음 눈을 크게 뜨고 좋은 물건을 찾아다니자. 별 생각 없이 샀다가는 다시 사야 할 수도 있으니 처음부터 꼼꼼하게 고르는 것이 좋다.

잘못 산 정리용품들이에요. 저런!

줄게요. 정말요?

체크해야 할 3가지 기능은 다음과 같다. 당연한 것 같지만 의외로 별 생각 없이 사는 사람들이 많다.

전혀 안 들어가.

넘친다!

① 넣을 물건이 모두 들어간다. ② 공간에 딱 맞게 들어간다.

쓰러질 것 같아.

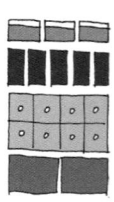

③ 쓰러지지 않고 모양이 유지된다.

공간 활용을 잘 하려면 어떻게 해야 하나요? Q5

A
공간 활용을 잘 하는 사람의 수납공간은 입체 주차장 같아요.

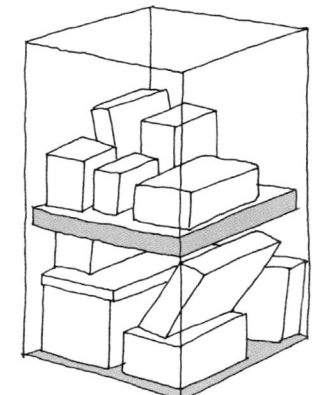

칸막이 없이 물건을 쌓으면 넣고 빼기가 힘들고 많이 넣을 수 없다.

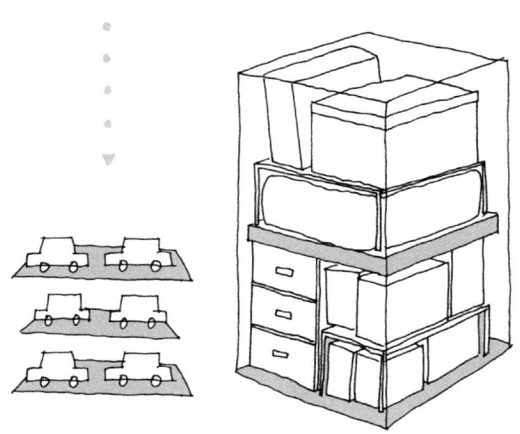

칸막이를 치고 물건을 넣어서 입체 주차장처럼 만들었다.

수납공간에 칸막이를 치는 건 공간 활용의 철칙이지만 인기는 별로 없는 것 같다. 귀찮기 때문일까? 내 남편도 '뭐 이런 데에 돈을 들이는지 납득이 가지 않는다'고 한다.
그러나 위 그림을 보자. 칸막이가 없음으로써 손해가 생긴다. 수납공간이 주차장이고 자신이 주차장 주인이라고 생각하면 낭비되는 공간들이 눈에 띌 것이다.
공간 활용을 잘 하는 사람은 수납공간을 입체 주차장처럼 생각하고 칸막이를 친다. (주차장인 만큼 자동차가 제대로 나올 수도 있어야 한다.) 그쪽이 이득인 걸 알고 나면 칸막이를 사는 돈도 아깝지 않고, 직접 만들어도 힘이 덜 들 것이다.

Q6 빠른 시간 안에 눈에 띄는 효과를 볼 수 있는 방법은 없나요?

평소에 쓰지 않는 물건

주방

주방은 다양한 물건이 모이는 곳이므로 머릿속을 정리하면서 치운다. 평소에 쓰지 않는 물건을 먼저 치우면 전체적으로 정리하기가 쉬워진다.

주방용품은 색깔과 소재를 맞추면 밖에 늘어놓아도 깔끔해 보인다. (예: 스테인리스, 유리 등)

A 물건을 쉽게 넣을 수 있는 상황을 만들면 일이 빨라져요.

이사한 다음에는 물건을 무조건 빨리빨리 정리하고 싶어지는 게 사람 마음이다. 하지만 급한 마음에 대충대충 하다가는 나중에 힘들어진다. 포인트는 보기 좋게 만드는 것이다. 나만의 비밀 기술을 소개한다.

빠르고 보기 좋게 만들기 위해서는 어떻게 해야 할까? 결론부터 말하자면 물건을 넣기 전에 물건이 많이 들어가는 상황을 만들어두어야 한다. 옷장을 예로 들면 떠올리기 쉽다. 텅 빈 상태에 옷걸이를 하나 둘 걸고 서랍은 빼놓는다. 이렇게 하면 복잡하게 생각하지 않아도 물건을 빠르게 많이 넣을 수 있다.

또 어느 정도 치우고 나면 대충 정리하고 끝내는 경우가 많은데, 나중에는 정리용품이 필요해도 귀찮다는 이유로 다시 사러가지 않게 되고, 그때부터 게을러져 대충대충 정리하게 된다. 미리 예쁜 정리용품을 준비해 두자. 가구와 정리용품을 수납하기 쉽게 준비해 두면 정리정돈을 빠르게 끝낼 수 있다.

옷장

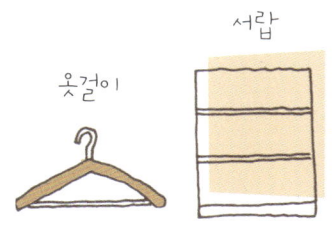

옷걸이는 조금 남을 정도로 넉넉하게 준비해둔다. 옷을 빠르게 걸다보면 정리도 빨라지고 재미도 붙는다. 서랍은 플라스틱 서랍보다 목제 서랍이 넣고 꺼내기 좋다.

거실

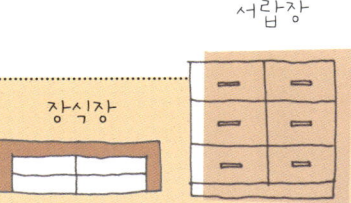

거실에는 빌트인 수납공간이 없기 때문에 물건이 밖에 그대로 어질러지기 쉽다. 가구를 빨리 정해야하는 것도 그 때문이다. 거실에 둘 가구를 정하고 나면 어질러지지도 않고 일상생활에 빨리 복귀할 수 있다.

Q7 분명히 정리했는데도 만족할 수 없는 건 왜일까요?

A 인테리어를 고려해서 수납하세요. 몰랐던 매력을 발결할 수 있어요.

인테리어와 관련된 일을 하는 만큼 이런 사례는 정말 안타깝다. 기껏 정리했는데 효과가 없다니! 생활공간에서의 수납공간은 창고와 다르다. 무조건 물건을 많이 넣기만 하면 되는 게 아니란 뜻이다. 보기 좋아져야 비로소 정리했다는 실감이 들고 매일 기분 좋은 일상을 보낼 수 있다.

청소나 정리를 할 때 생활하기 편한지만 따지고 있지는 않은지 돌아보자. 인테리어에 대한 방향을 새롭게 잡아야 한다. 가구의 방향을 바꾸면 방 안 분위기가 더 좋아질 수 있고 대화가 늘어날 수도 있다. 이런 식으로 인테리어를 되돌아보면 정리법에도 작은 변화가 생긴다.

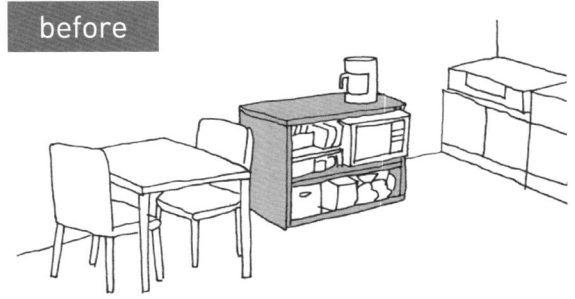

주방에 정리장을 놓는다. 수납만 생각하면 이걸로도 괜찮지만.

가구를 반대로 돌리기만 했을 뿐인데 느낌이 달라졌다. 이렇게 하면 인테리어 면에서도 합격점이다.

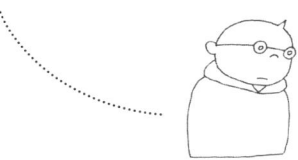
가족은 자신의 물건뿐 아니라
가족의 물건을 챙기는 배려와 애정을,

부부는 수납에 대한 두 사람의
의견을 어떻게 맞춰나갈지를,

자취를 하는 사람은 자신을
조절하고 물건과 마주하는 법을,

부모님과 함께 사는 사람은
먼저 수납에 관심을 갖고
가족의 장점을 배우도록 하자.

수납은 언제부터 배워야 할까요? Q8

A
기술을 익히고 나면
언제든지 응용할 수 있어요.
오늘부터 시작해보세요.

부모와 함께 사는 경우, 자취, 신혼, 나이 등 상황에 따라 생활방식은 다양하게 바뀐다. 그때마다 집의 크기나 갖고 있는 물건의 양도 변하겠지만, 물건을 잘 조절해서 수납공간을 현명하게 쓴다는 기본은 변함이 없다. 그렇기 때문에 수납 방법은 언제 배워도 좋다. 오히려 의욕이 생길 때가 제일 좋은 때라고 할 수 있다.

매일매일 청소와 정리에 정성을 들이며 기술을 익히고 나면 시간이 지나도 활용할 수 있다. 물건을 잘 다루는 습관을 들이면 상황이 바뀌어도 응용할 수 있는 기술이 생긴다. 귀찮고 하기 싫은 청소나 정리도 쾌적한 생활공간을 만드는 중요한 생활 속 지혜다. 한평생 써먹는 것이니 빨리 익혀두자.

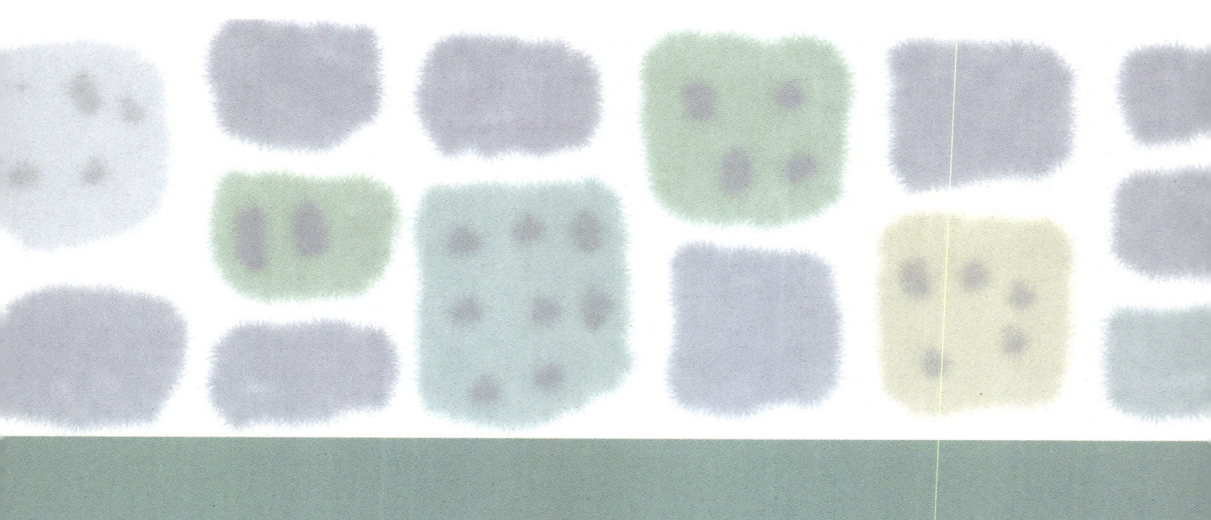

본격적으로 바꾸면 생활이 바뀐다
효율성을 극대화하는 수납 노하우

5

무슨 일이든지 의욕을 가지고 하지 않으면 안 되지요. 수납도 언제까지나 한숨만 쉬고 있어서는 아무것도 해결되지 않아요. 무거운 엉덩이를 떼고 본격적으로 바꿔보면 어떨까요. 작은 아이디어는 쉽고 재미있지만 효과는 크지 않아요. 수납 방법이 크게 변하면 생활도 크게 바뀔 수 있답니다.

「가구를 산다」

올 것이 왔군.

지금까지 지내왔던 거실과 침대를 대대적으로 고쳤다. 먼저 가구를 산다.

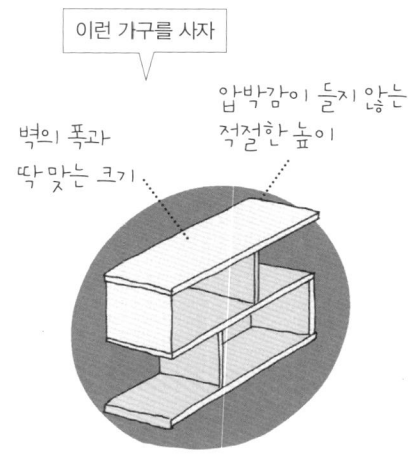

before

이런 가구를 사자

벽의 폭과 딱맞는 크기

압박감이 들지 않는 적절한 높이

Plan 1

경쾌한 분위기를 내고 싶을 때는 이런 타입을 고르자. 보관보다 장식하기에 좋은 가구다.

Plan 2

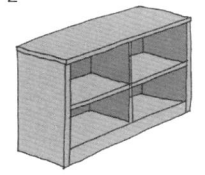

책이 많을 때는 책장을 둔다. 위에는 장식을 할 수 있어 딱딱한 느낌을 줄일 수 있다.

Plan 3

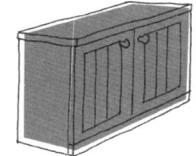

감추고 싶은 물건이 많을 때는 문이 달린 가구가 좋다. 안에 얼마든지 넣을 수 있다.

값이 나가는 만큼 가장 마음에 드는 것으로

본격적으로 바꾸기 위한 제1단계는 가구를 사는 것이다. 갑자기 일이 너무 커지지 않나 싶겠지만 일단 내 얘기를 들어보기 바란다. 가구 설계도 하고 있기 때문에 가구에 대해서라면 할 말이 많다.

최근에는 안타깝게도 가구를 선호하지 않는 사람이 늘고 있다. 가구를 두면 집이 좁아진다는 이유 때문인데, 가구를 사지 않으면 물건이 어질러져서 오히려 집이 좁아진다. 가구는 물건을 담는 도구다. 담을 곳이

PART 5 | 효율성을 극대화하는 수납 노하우

after ➡ 뭐가 좋을지 모르겠어서
계속 미뤄왔었는데….

색다른 디자인의 책장을 놓았더니 방에 독특한 분위기가 더해졌다.
정리함을 2개 사서 잡다한 소품을 넣었다.

없으면 물건이 집 안 여기저기에 돌아다니게 된다. 가구를 두는 것은 물건의 제자리를 찾아주는 것이다. 가구를 고를 때 물건을 넣는 도구라고만 생각하면 값이 싸고 수납공간이 넉넉한 걸 주로 고르게 된다. 하지만 방을 멋지게 꾸밀 생각으로 고른다면 디자인을 살펴보게 되고 소재의 좋고 나쁨에도 자연스럽게 눈길이 간다. 비싸고 자주 바꾸기 어려운 만큼 신중하게 고르자.

「정리용품을 넉넉히 산다」

before

역시 이대로는 안되겠어.

이렇게 해보자

끝에서 끝까지 서류함을 넣는다.

한 번에 끝내는 빠른 기술

가구를 샀어도 그대로는 물건을 수납하기 힘들다. 다들 알다시피 파일 등의 정리용품으로 공간을 나누는 게 좋다. 하지만 좋다는 건 알아도 그렇게 분류해서 정리할 시간이 없다고 생각할지 모른다.

그렇다면 이렇게 하는 건 어떨까? 처음에 정리용품을 한꺼번에 사서 가구 안 끝에서 끝까지 넣어두는 것이다. 그러고 나면 사용설명서, 아이 관련 서류 등 자리를 정해서 넣기만 하면 된다. 정리와 분류가 동시에 끝나

PART 5 | 효율성을 극대화하는 수납 노하우

after
➡ 넣기만 하면 정리가 되니 고민 없이 빠르게!

정리용품을 갖추고 나면 어디에 무엇을 넣을지 정하기만 하면 되니 일이 빨라진다.

기 때문에 엄청난 스피드를 자랑하는 기술이다.
정리용품은 가격에 따라 여러 종류가 있겠지만 가구 안에 넣는 것은 싼 종류라도 괜찮다. 단, 크기나 색이 서로 다르면 값싸 보이므로 새로 살 때는 크기와 색을 맞춰서 사자.

이렇게 해두면 찾기가 쉽네.

「일을 3번에 나눠서 한다」

before

내가 할 수 있을까?

프로라면 하루 만에 다해치우겠지만…

TV나 잡지에 나오는 수납 특집을 보면 꼬질꼬질 더러운 공간을 순식간에 깨끗하게 변신시킨다. 보고 있으면 금세 할 수 있을 것 같지만, 그렇게 보이는 건 TV나 잡지에서 내용을 편집해 보여주기 때문이다. 실제로 현장에서 보면 하루 만에 하기는 해도 엄청난 작업량이다.

다시 정리하는 것은 프로도 시간이 걸리는 작업이다. 그러니 너무 급하게 끝내려고 하지 말자. 특히 초보자

PART 5 | 효율성을 극대화하는 수납 노하우

after ➡ 아하, 한 번에 전부 하려고
하지 말고 나누면 간단하구나.

하루에 다하려고 하면 힘들지만, 3일간 3번에 걸쳐서 한다면 해볼 만할 것 같아.

는 손이 느리기 때문에 한 번에 또는 하루에 다 해치 우려고 하면 도중에 지치고 의욕이 꺾이기 쉽다. 대대적인 수납 프로젝트에 돌입할 때는 3일, 3번 등 여러 번에 나누어 한다. 첫날 정리용품을 사두는 등 준비를 끝내놓기만 해도 2일째부터는 편하게 일할 수 있다. 목표가 클수록 단계를 작게 나눠야 달성하기 쉽다. 먼저 일을 마주하는 자세부터 바꿔보자.

「IN과 OUT을 나눈다 ①」

시험도 무사히 끝. 합격해서 잠시 늘어지긴 했지만 방이 이 모양이다.

IN과 OUT을 나누면 실마리가 잡힌다

역대 최악으로 방이 더러워졌을 때는 어떡해야 할까? 나라면 그녀에게 이렇게 말할 것이다. 완벽한 100점을 목표로 삼으면 영원히 끝내지 못할 것이라고. 75점이라도 좋으니 전체를 다시 정리해야 한다. 방 여기저기에 작은 산이 생길 정도로 물건이 쌓였다면 가구에 다 넣기에는 어려운 상황이다. 아마 정리하려고 해도 생각만큼 물건이 들어가지 않아 도중에 포기할 것이다. 이래서는 정리를 할 수 없다.

PART **5** | 효율성을 극대화하는 수납 노하우

➡ 방이 제멋대로 어질러져 있다. 이럴 때는 어떡하지?

Day **1**

어질러져 있는 물건을 싹 모아서 IN(넣을 것) 또는 OUT(꺼낼 것)으로 나눈다.

먼저 물건이 다 들어가지 않는다는 사실을 염두에 두자. 그 다음에 3일간 정리한다. 첫날에는 무엇을 넣을지(IN), 무엇을 꺼낼지(OUT) 넘쳐나는 물건에 간단한 OX 마크를 친다. IN인지 OUT인지 정하기만 하면 된다.

「IN과 OUT을 나눈다 ②」

이렇게 해보자

옷을 모두 건다

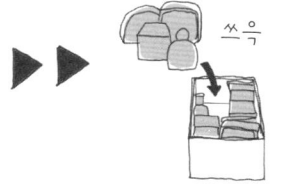

쉽게 들어가지 않는다.
억지로라도 넣는다.

더 이상 들어가지 않아도
포기하지 않고 끝까지 넣는다.

IN으로 나눈 물건을 수납한다. IN을 100% 넣는 것이 포인트!

IN과 OUT 정리로 계속!

IN과 OUT으로 나눴으면 2일째가 본격적인 청소 날이다. 스스로 정한대로 IN 물건을 안에 넣는다. 이때 지켜야 할 것이 하나 있다. IN이라고 정한 물건은 반드시 안에 넣어야 한다. 옷이 조금 남았다고 OUT에 둬도 될지 고민해서는 안 된다. 이렇게 하면 물건을 적당히 정리할 때랑 변하는 게 없다. 75점짜리 정리가 40점으로 떨어지는 셈이므로 이건 반드시 지켜야 한다. 끝까지 힘을 내자.

PART 5 | 효율성을 극대화하는 수납 노하우

➡ IN 수납이 끝나면 OUT 물건을 정리한다.
3일간에 걸쳐서 정리 끝!

그리고 3일째 마지막 날에는 남은 OUT 물건을 정리한다. 물건을 모아서 꺼내놓아도 부끄럽지 않은 정도까지 남으면 청소 끝이다.
앞이 깜깜할 정도로 방이 더러우면 무엇부터 해야 할지 몰라 손이 안 가게 되고, 이것이 곧 정리를 미루는 원인이 된다. IN과 OUT을 정하는 것은 청소의 목적과 순서를 동시에 파악할 수 있는 좋은 방법이다. 어떻게 해야 할지 막막할 때는 이 방법으로 극복해보자.

「깊이 정리함을 이용한다」

before

이렇게 해보자

깊이가 있는 정리함을 투입한다.

이것들은 여기에.

깊이 45cm 이상의 정리함

다음은 이곳. 안정감이 드는 침실로 만들고 싶은데 현실은 창고다.

깊이가 있어야 매력적이다

속이 깊고 알고 싶은 점이 많은 여자는 매력적으로 보인다. 체형도 작고 가녀린데 혼자 2박3일 자전거 여행을 갔다 오는 사람이나 바쁜 와중에도 밤을 새서 딸에게 원피스를 만들어주는 어머니같이 겉으로는 안 보이지만 속에 무엇이 들어 있을지 알 수 없는 사람. 이렇듯 내면이 꽉 찬 여자는 더 자세히 알고 싶어지는 매력이 있는 법이다.

수납공간도 마찬가지. 물론 수납공간의 깊이가 이렇

PART 5 | 효율성을 극대화하는 수납 노하우

after ➡ 붙박이 수납공간을 활용한다.
열쇠는 깊이였다.

정리함 3개를 투입해 물건을 깨끗하게 수납했다. 꿈에 그리던 침실로.

게까지 매력적인 건 아니어도 중요하다는 점은 같다. 수납공간이 좀 더 필요할 때 먼저 깊이를 따져보자. 의외로 숨겨진 공간이 나타나는 경우가 많다. 깊이를 잰 다음에는 크기에 딱 맞는 정리함을 찾아서 넣으면 된다. 갈 데를 잃은 가방이나 철 지난 물건들을 한 번에 처리할 수 있다. 사람도 수납공간도 겉으로는 깊이를 알 수 없다. 그렇기 때문에 이 부분을 어떻게 활용하는 지에 따라 차이가 생긴다.

「공간 속 공간을 만든다」

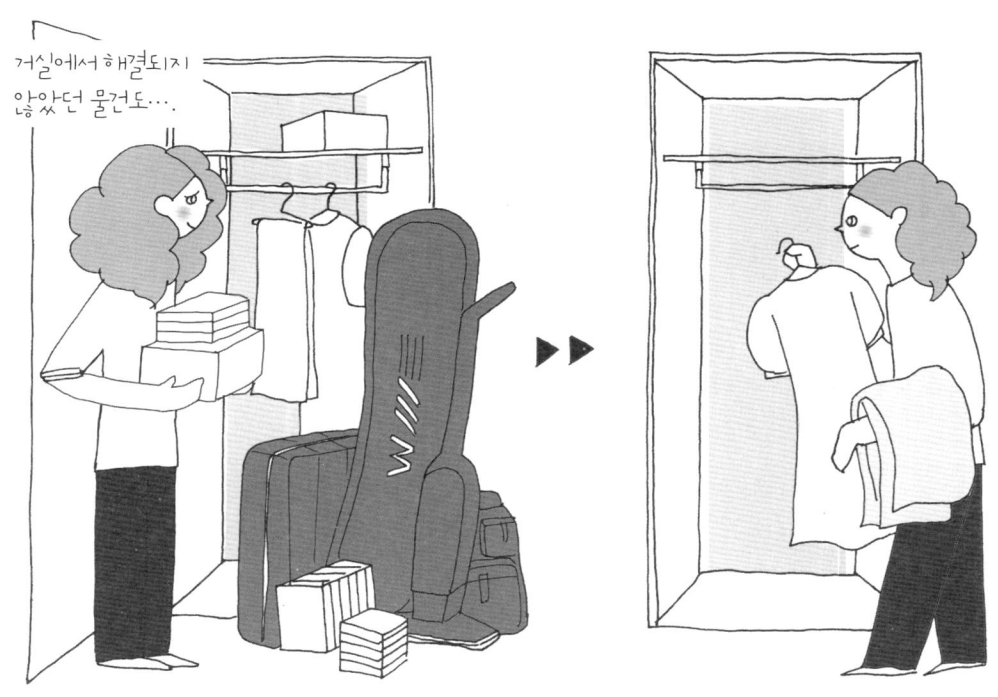

사실은 이런 것도 가능하다.

옷을 걸지 않으니 옷걸이를 뺀다.

정리장이나 칸막이로 공간 속 공간을

다들 가방 속 가방을 쓰고 있는지 모르겠지만, 가방 안을 정리하기 위해 지갑이며 열쇠, 화장품 등을 넣는 파우치는 알 것이다. 나도 하나 갖고 있는데 써보면 꽤 편리하다. 작은 주머니에 머리핀이나 반창고까지 넣을 수 있으니 자잘한 물건들을 깔끔하게 가지고 다닐 수 있다.

이런 가방 속 가방의 수납 버전이 공간 속 공간이다. 큰 빌트인 수납공간에 정리장이나 칸막이를 더하는 것

PART 5 | 효율성을 극대화하는 수납 노하우

Bag in Bag
➡ 백 인 백의 수납 버전이라고 할까?

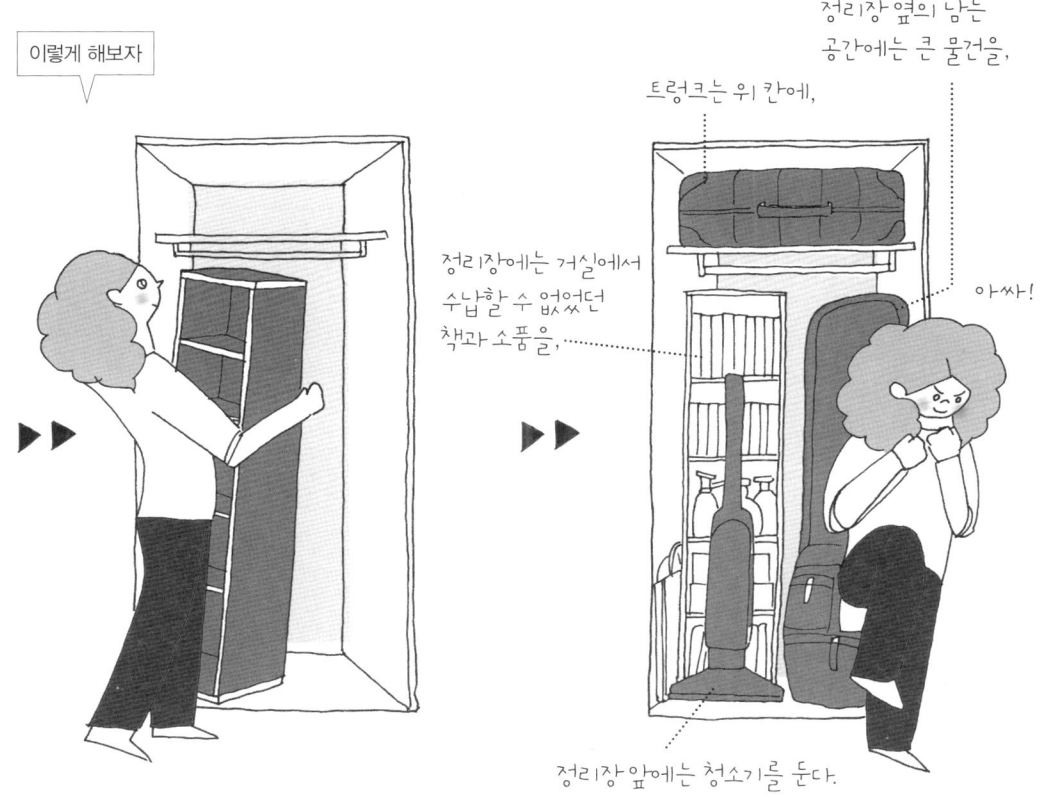

이다. 이런 경우 보통 플라스틱 정리함 등을 두곤 하는데, 좀 더 자유롭게 생각하자. 옷장이라도 옷을 많이 걸어두지 않을 때는 옷걸이를 빼고 얇고 긴 정리장을 넣는다. 이렇게 하면 책이나 작은 소품들을 넣어두기에 딱 좋다. 부피가 큰 물건도 넣고 빼기 쉽게 보관할 수 있다. 수납 효율이 높아지고 엄청 편리한 방법이다.

「장식장으로 공간을 나눈다」

before

현관 옆에 있는 작은 방. 이사한 뒤 짐을 둔 채 방치했더니 이렇게 됐다.

이 방만 보면 머리가 아파….

가구 배치로 창고의 부활!

단독주택은 창고처럼 물건을 쌓아두는 방이 있는 경우가 많다. 처음에는 상자 2~3개가 끝이지만, 잠시 둘 생각에 정리하지 않은 물건들을 들여놓다보면 몇 년 만에 영원히 열지 않는 방이 되고 만다. 방을 이렇게 써서는 집도 슬플 것이다. 처음 집을 살 때 수많은 서류에 도장을 찍으면서 느꼈던 설렘은 어디로 갔을까? 생활이 어느 정도 안정된 지금이야말로 초심으로 돌아갈 적기다. 소중한 우리 집에서 쓸모없는 방을 몰아내

PART 5 | 효율성을 극대화하는 수납 노하우

after → 가구를 L자로 놓았더니 지저분한 짐들이 가려졌다.

이 뒤에 잡동사니를 두면 보이지 않는다.

밥 먹어요~

이런 가구를 사자

자작나무 재질의 얕은 책장

같은 높이의 책장을 3~4개 준비한다.
L자로 배치하면 짐 둘 공간과 독서 공간이 동시에 생긴다.

겠다는 심정으로 바꿔보자. 문제는 방으로서의 기능이 멈춘 상태라는 것이다. 적어도 사람이 들어가서 지낼 수 있게 바꿔야 하는데, 이때 가구 배치가 중요하다. 방을 나누듯이 책장을 L자로 놓기만 해도 순식간에 멋진 방으로 바뀔 수 있다. 잡지의 인테리어 기획에 참여했을 때 이 방법을 실제로 어느 집에서 시도해 봤더니 독자들로부터 호응을 많이 받았다.

「수납공간을 나눈다」

Point ①
위 칸에 평소에 쓰지 않는 물건을 빈틈없이 넣는다.

Point ②
가운데 칸에는 정리함을 넣는다.

여기도 정리해볼까?

물건이 들어가지 않으면 버려야겠다고 생각하기 쉽지만….

아빠!

공간을 잘 나누면 물건이 더 들어간다

사람들이 수납을 할 때 가장 많이 하는 말이 물건이 많다는 것이다. 정리장이나 옷장 등에 물건이 넘쳐나면 그렇게 느껴질 것이다. 하지만 사실은 그렇지도 않은 경우가 많다. 실제로 물건이 다 들어가지 않아 고민이라는 집에 가보면 갖고 있는 물건이 그리 많지 않다. 이러한 상황은 물건이 많기 때문이 아니라 수납공간이 제대로 나누어져 있지 않아서 생긴다. 예를 들어 맨 왼쪽 그림을 보자. 물건이 많아 보이지만 사실은 공간이

PART 5 | 효율성을 극대화하는 수납 노하우

➡ 선반을 놓으면 더 들어간다.

포인트 2가지를 고려해서 다시 넣으면 다 들어간다.

이제 남은 채소와 식품을 바구니에 넣으면 끝이다.

많이 남는다. 정리함 등을 사용해 사이사이에 채워 넣으면 바닥에 둔 물건들이 다 들어간다. 이렇게 공간을 제대로 활용하지 못한 곳이 집 안 곳곳에 있을 것이다. 옷장, 식품저장실 등 수납공간을 빈틈없이 활용하겠다는 마음으로 적극적으로 공간을 나눠보자. 공간을 현명하게 활용할 수 있게 되면 물건이 많아서 버리게 되는 일도 줄어든다.

「지혜를 짜낸다」

before

바구니가 안 들어가.

이불이 안 들어가.

어!?

소품들이 안 들어가.

수납이 끝날 때가 되면 자주 부딪히는 일들. 이것만 들어가면 될 텐데….

조급해하지 말고 지혜롭게

본격적으로 시작한 수납이 슬슬 끝나갈 무렵이 되면 유혹에 빠지기 쉬운 상황이 온다. 조금만 더하면 들어가지 않았던 물건들도 다 정리되는 상황. 바로 '이것만 들어가면 완벽할 텐데…, 조금만 더 들어가면 좋을 텐데…' 하는 상황이다. 이럴 때 '거의 다 넣었으니 이 정도면 됐지' 하고 그대로 물건을 바닥에 두면 정리를 했다고 할 수 없다. 시간이 지나면 지날수록 물건이 하나둘 늘어나 원래대로 돌아가기 때문이다. 유혹에 넘어가

after ➡ 아직 남았다. 조금 더 들어갈 공간!

부피가 큰 물건은 공간확보가 큰일이다. 들어가지 않을 때는 90도 돌려서 넣어보자.

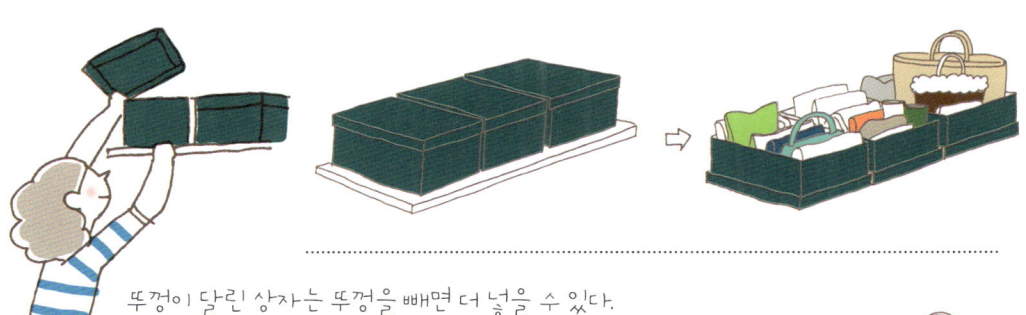

뚜껑이 달린 상자는 뚜껑을 빼면 더 넣을 수 있다.

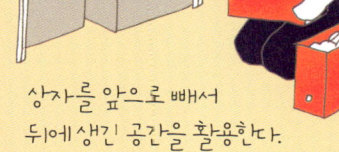

상자를 앞으로 빼서 뒤에 생긴 공간을 활용한다.

지 말고 마지막까지 확실하게 수납한다. 이 점이 의외로 중요하다. 물건이 들어가지 않을 때는 넣는 방향을 바꾸거나 옆으로 들어가 있던 물건을 세워서 넣는 등 지혜를 짠다. 고민하다보면 다 들어가니 조급해하지 말고 조금 더 힘을 내자.

「두 사람의 공간을 나눈다」

before

버리기 힘들 때일수록 지혜가 필요하다

둘이서 살다보면 서로의 물건 때문에 싸우게 되는 날이 반드시 온다. 남의 물건은 뭐가 중요한지도 알기 힘들고, 공간이 부족하다고 느껴지면 버리고 싶어진다. 이럴 때 상대방에게 물건을 줄이라든지 그 쪽이 더 넓다든지 하는 식으로 싸우기 시작하면 둘 다 정신적으로 피곤해질 뿐이다.

보통 옷장이나 신발장은 여자 물건이 많기 마련이니, 그 밖의 장소는 둘이 공평하게 나누어보는 게 어떨까.

PART 5 | 효율성을 극대화하는 수납 노하우

after ➡ 신혼 시절의 다툼,
수납공간을 나누면 해결된다.

서로 욕심을 내다보면 부족하고 나누면 남는다는 말처럼, 두 사람의 공간을 확실하게 나누면 스스로 책임감을 갖고 물건을 줄이게 된다. 무엇보다 상대방에게 양보하려는 여유가 생겨날 것이다.

「싼 물건을 최대한 활용한다」

before

예산이 부족해서 TV 장식장은 당분간 남편이 전에 쓰던 가구로 대체했다.

어두운 색 가구를 길게 놓아 고급스럽게

예산이 충분해서 사고 싶은 가구나 정리용품을 마음껏 살 수 있으면 좋겠지만 그렇지 못한 것이 현실이다. 이러한 현실을 앞에서 시무룩한 표정으로 불평하고 말지, 더 좋은 방법이 없을까 고민해볼지는 각자의 선택이다. 나는 더 많은 사람들이 두 번째 방법을 선택했으면 좋겠기에 책을 쓴다.

이것은 TV에서 선보였던 방법이다. 당시 예산이 빡빡해서 가격대가 낮은 가구밖에 쓸 수 없었는데, 그렇다

PART 5 | 효율성을 극대화하는 수납 노하우

after → 제대로 배치하면 생각했던 것 이상으로 고급스럽다.

상자를 맞추니까 더 깔끔하네.

값이 싼 가구를 3개 놓았다. 나란히 놓으면 싼 느낌이 나지 않는다.

고 인테리어를 포기하는 것은 자존심이 용서하지 않았다. 그때 떠오른 싼 가구 활용법이다. ①값싸 보이지 않는 어두운 목제 가구를 고를 것 ②여러 대를 길게 놓아 고급스럽게 연출할 것 ③품질이 눈에 잘 띄지 않는 낮은 가구를 고를 것. 덕분에 인테리어는 완벽했고, 스튜디오 안에서도 탄성을 들을 만큼 반응이 좋았다. 집주인도 아주 기뻐했다. 적은 예산으로 만족스러운 생활공간을 만들 수 있는 방법이다.

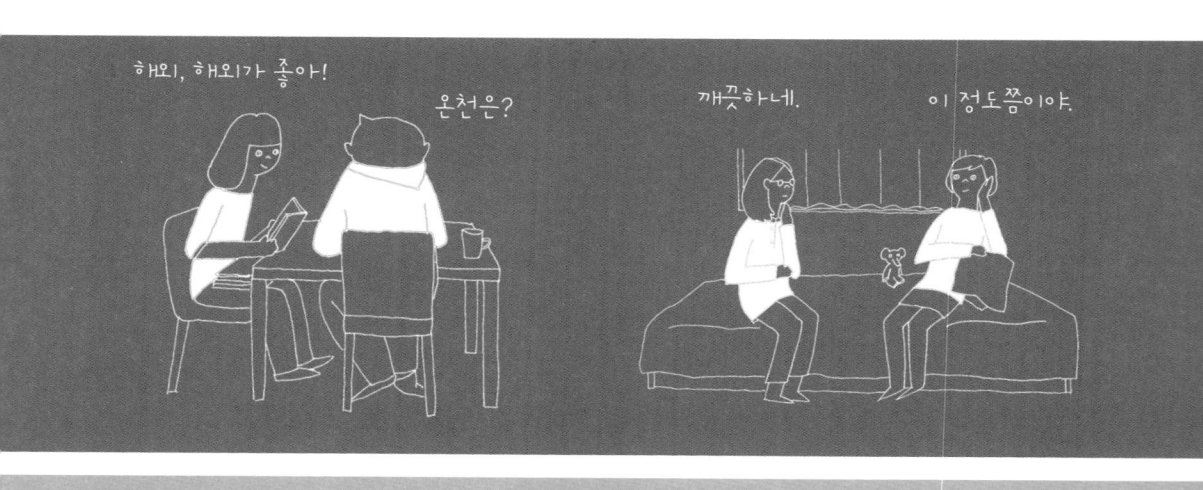

정리정돈은 끝났다!
깔끔한 집을 위해 기억해야 할 것들

6

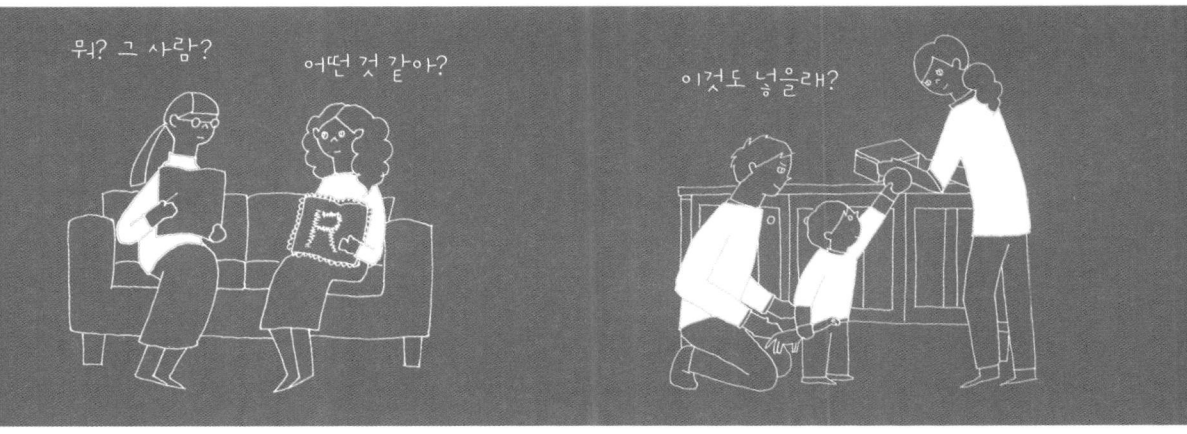

집 안 정리를 싹 하면 속이 시원하고 생활하기도 한결 편해져요. 하지만 한 바탕 정리를 끝내놔도 얼마 못가 다시 어질러진다면 그동안의 수고가 소용 없게 되지요. 집 안을 항상 깔끔하게 유지하기 위해 몇 가지만 실천해보세요. 매일매일 하다보면 익숙해지고 정리정돈에 자신감이 붙을 거예요.

「감독이 된다」

before

솔선해서 필요 없는 물건을 버린다.

정리의 규칙을 정해도 지키지 않으면 다시 지저분해진다.

감독이 되면 일이 잘 된다

엄청난 양의 아이들 장난감, 용도를 알 수 없는 남편의 물건들…. 집 안에서는 자신이 나서지 않으면 아무것도 안 된다. 버려도 되는지, 지저분한 곳은 어떻게 처리해야 할지 다양하게 고민해보고 서투르더라도 뛰어들자. 임시방편이 아니라 집 안의 감독이라는 마음으로 고민 끝에 찾은 처리 방법이어야 집 안을 제대로 정리할 수 있다.

작은 일이라도 잘 되면 마음속에 '참 잘 했어요' 도장

PART **6** | 깔끔한 집을 위해 기억해야 할 것들

after ➡ 요즘 일이 잘 되는데?
왠지 자신감이 붙는다.

쓸모없는 물건을 두지 않도록
작은 장식품을 놓았다.

가이드라인을 정해서 그 이상 물건을 늘리지 않는다. 감독이 되어 직접 하면 일이 잘된다.

이 하나 찍힌다. 마음속에 이런 도장을 계속해서 찍는 것이 바로 잘 할 수 있다는 자신감이다. 집안일을 포함해 모든 일이 자신감을 갖 게 될 때까지가 어렵다. 처음에는 서투르더라도 익숙해지면 힘든 것 도 잊고 즐길 수 있게 된다.

「편안한 공간으로 만든다」

before

새 책장도 샀고 전체 분위기도 괜찮아졌다. 그런데 조금 부족한 느낌이 든다.

마음 편히 쉴 수 있는 곳으로

일이 바빠서 테이블이나 소파가 물건으로 꽉 차고 지저분했던 방이었는데, 옷장 안을 정리하고 책장을 사는 등 열심히 노력해서 몰라볼 정도로 깔끔해졌다. 이 정도면 '물건이 어질러져 있다 → 방에 있고 싶지 않다 → 치우는 게 귀찮다'식의 부정적인 감정으로 이어지는 나쁜 생활습관도 고쳐지지 않을까?

바쁘면 몸뿐 아니라 마음도 결린다. 이 증상을 풀기 위해 친구들과 만나거나 여행을 떠나곤 한다. 물론 이러

PART 6 | 깔끔한 집을 위해 기억해야 할 것들

after ➡ 그다지 애착이 없었던 집이라도
깨끗해지면 만족감이 높아진다.

플라스틱 쓰레기통과 바구니를 자연 소재로 바꿨다. 방에 통일감이 생겼다.

방이 깨끗해지면
말할 수 없던 것도
말하게 된다.

한 방법들도 좋지만, 집이 깨끗해지면 자신의 방이 마음의 결림을 풀어줄 최적의 장소가 된다. 시간을 들여 친구가 되는 것처럼 방도 청소와 정리라는 시간을 거쳐 자신만의 공간으로 바뀐다. 자신만의 공간이란 특별한 무언가를 하지 않아도 피로가 풀리는 곳이다. 공간을 바꿨다면 작은 소품을 놓는 등 가벼운 아이디어를 더해보자. 천천히 눈을 뜨면 새로운 생활이 당신을 기다리고 있을 것이다.

「조금씩이라도 계속한다」

잘 되지 않을 때도 꾸준히 하다보면 익숙해진다

엄마의 도움 없이는 정리를 하지 못했던 아이도 언젠가 사상 최악의 더러운 방에서 스스로 졸업할 수 있게 된다. 사람은 이렇게 자신의 환경을 정리하게 되면서 자립하는 게 아닐까. 가족이랑 같이 살면서 겪은 경험은 앞으로 독립하거나 결혼해서 자신의 생활공간을 만들 때 활용된다. '엄마는 옷 걸어두는 거 싫어했었지' 하고 떠올리면서 말이다. 평범해 보이는 시간들도 사실은 귀중한 경험이 되는 것이다.

PART **6** | 깔끔한 집을 위해 기억해야 할 것들

수납이나 정리는 살면서 계속된다. 지금은 제대로 하겠다고 다짐해도 또 어질러질지 모른다. 그럴 때는 늘 어놓아도 되는 범위를 정하거나 옷을 한 군데에만 걸어두는 식으로 규칙을 완화하며 지속할 방법을 찾아보자. 타협해가면서라도 꾸준히 하다보면 익숙해진다. 월급을 받기 시작하면 옷이나 물건이 늘어날 테니 그 때는 또다시 생각해야겠지만, 우선 초보자 과정은 졸업한 셈이다.

「꾸미기 단계로 넘어간다」

점점 수납에 의욕을 가지는 것도 좋지만….

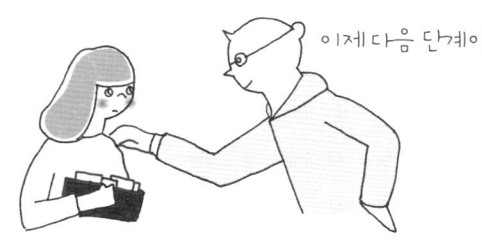

커튼을 고르는 등 다음 단계로 진행해보는 건 어떨까?

수납, 안녕!

수납의 기술이 익숙해졌다면 집 안이 쾌적한 나만의 공간으로 바뀌었을 테고 물건을 다루는 방법에도 자신이 붙었을 것이다. 지금까지 어딘가 불편했던 생활에서 한 걸음 나아가 넣고 꺼내기에 아무 불편이 없는 생활이 찾아온 것이다. 정리정돈은 어떻게 보면 작은 행동 같지만, 사실은 기쁨을 가져다주고 생활을 긍정적인 분위기로 바꾸는 힘이 있다.

단, 언제까지나 정리만 해서는 지루하다. 완벽한 것도

PART 6 | 깔끔한 집을 위해 기억해야 할 것들

after ➡ 새로운 목표도, 즐거움도 지금부터 시작된다.

수납을 제대로 한 덕분에 머릿속에 그리던 인테리어를 시도해볼 수 있다.

좋지만 작은 부분까지 꼼꼼히 정리해봤자 그 끝에 있는 건 마니아의 영역이다. 어느 정도 살기 편해졌다고 느낀다면, 수납의 목표를 달성했다고 여기고 다음 단계인 공간 꾸미기로 넘어가자. 커튼을 고르거나 쿠션, 식물 등을 더해보는 것이다. 물건이 어질러져 있지 않고 깔끔하게 정리된 방인 만큼, 당신의 센스가 돋보이고 머릿속에 그리던 인테리어를 실현할 수 있게 된다.

마치면서

매년 봄가을이 가까워오면 새 옷과 새 구두로 멋을 내고 싶어집니다. 그러나 옷장은 이미 새 옷을 넣을 여유가 없습니다. 어쩔 수 없이 옷장을 정리합니다. '여기에 좀 더 넣으면 새 옷이 들어갈 자리가 나겠네, 이 옷은 더 이상 안 입으니까 다른 사람에게 줘야겠다' 하는 식으로 새 옷이 들어갈 방법을 고민합니다. 필요가 발명의 어머니라면, 욕망은 정리의 어머니라고 할 수 있겠지요.

깔끔한 공간을 위해 가지지 않고 늘리지 않는 삶의 방식도 있지만, 일상생활에서 생기를 뺀 것 같아 왠지 쓸쓸한 느낌이듭니다.

　새것을 사는 기쁨도, 들어가지 않아 고민하는 것도 모두 내 삶의
일부분입니다. 무언가를 제로로 만들어 흑백의 세상에서
　사는 것보다 지혜를 짜내어 알록달록한 세상에서 살고 싶습니다.
금방 정리할 수 있는 수준이라면 조금 어질러져도 활기차고 밝게
사는 게 좋으니까요.
　이번에도 주위 분들의 넘쳐나는 도움 덕분에 한 권의 책이
완성됐습니다. 읽어주신 분들을 포함하여 여러분 모두에게 감사합니다.

카와카미 유키

「리스컴이 펴낸 책들」

우리집에 꼭 필요한 생활요리 대백과
한복선의 우리음식
신세대 주부들도 쉽게 따라 할 수 있는 한국 전통음식 교과서. 가정요리, 명절요리, 궁중음식, 향토음식, 건강요리, 김치·장아찌 등 기본에 충실하면서도 실용적인 요리가 가득 담겨 있다.

한복선 지음 | 304쪽 | 210×255mm | 15,000원

왕초보를 위한 요리 교과서
한복선의 요리 1학년
요리 왕초보를 위한 기초 중의 기초 요리책. 칼 잡는 법부터 계량법, 기본양념, 재료 고르기와 손질법 등 요리의 기본기를 꼼꼼하게 잡아주고 국·찌개, 구이, 조림, 나물 등 조리별 맛내기 노하우를 자세히 알려준다.

한복선 지음 | 280쪽 | 210×275mm | 15,000원

대한민국 대표 요리책
한복선의 엄마의 밥상
최고의 요리전문가 한복선 선생님이 알려주는 엄마 손맛의 비결. 별미반찬, 국·찌개·전골, 한 그릇 한 끼, 우리 집 별식, 김치·장아찌·피클 등 일상요리가 다 들어 있다. 반찬 만들기 기본 테크닉 등도 자세히 소개되어 있다.

한복선 지음 | 280쪽 | 210×265mm | 13,000원

우리 식탁엔 우리 음식
일주일 밑반찬 사계절 장아찌
주부들의 반찬 고민을 덜어주는 밑반찬 요리책. 장조림, 마른반찬, 깻잎장아찌 등 대표 밑반찬과 슬로푸드 장아찌, 새콤달콤한 피클, 입맛 살리는 젓갈 75가지가 담겨 있다. 만들기 쉽고, 전통의 맛을 살린 레시피가 가득하다.

최승주 지음 | 144쪽 | 210×265mm | 9,800원

먹을수록 건강해지는 우리 음식
나물이 좋다
기본 나물부터 향토 나물까지 다양한 나물 레시피 78가지를 담았다. 생채와 겉절이, 살짝 데쳐 무치는 무침나물, 양념해 볶는 볶음나물, 나물로 만드는 별미요리 등이 있다. 사계절 제철 나물과 고르기, 손질 요령 등도 정리했다.

리스컴 편집부 | 136쪽 | 210×265mm | 9,800원

토속음식에서 퓨전요리까지, 된장요리 73
우리 몸엔 된장이 좋다
항암 효과가 뛰어나고 성인병 예방에도 좋은 된장요리책. 국·찌개, 밥반찬, 별미요리, 일품요리, 나토요리 등 현대인의 입맛에 잘 맞는 된장요리 73가지를 담았다. 된장의 효능, 집에서 된장 담그기와 시판 된장 고르기, 여러 가지 된장소스, 된장요리 전문점도 소개한다.

최승주 지음 | 192쪽 | 190×260mm | 13,000원

바쁜 현대인을 위한 스피드 & 영양만점 레시피
후다닥 간단 밥상
후다닥 만들어 즐길 수 있는 요리들을 모은 책. 손님상, 다이어트식, 간식 등 싱글남녀와 맞벌이 부부에게 유용한 184가지 영양만점 레시피와 요리 노하우가 담겨 있다.

김경미 지음 | 224쪽 | 190×245mm | 13,000원

한 그릇의 영양, 세계인의 웰빙 푸드
비빔밥 75가지
한식 세계화의 대표 주자인 비빔밥과 간편한 일품요리 덮밥 75가지를 담았다. 간단하고 빠르게 차릴 수 있는 비빔밥부터 정성을 들여 만든 특별한 비빔밥까지 누구나 쉽게 준비할 수 있도록 돕는다.

전지영 지음 | 192쪽 | 210×275mm | 12,000원

몸이 가벼워지는 한 끼
자연주의 채식요리
맛과 영양은 기본이고 간편하게 만들 수 있는 채식요리를 자세히 소개했다. 다이어트식, 채식 초대요리, 채식 간식 & 도시락, 채식 빵 & 쿠키 등 75가지 레시피를 담았다. 맛을 더하는 재료 & 소스, 채식 재료 전문 매장 등의 정보도 가득하다.

이양지 외 지음 | 160쪽 | 180×260mm | 9,800원

내 몸이 가벼워지는 시간
샐러드에 반하다
한 끼 샐러드, 도시락 샐러드, 저칼로리 샐러드, 곁들이 샐러드 등 쉽고 맛있는 샐러드 레시피 56가지를 한 권에 담았다. 다양한 맛의 45가지 드레싱과 각 샐러드의 칼로리, 건강한 샐러드를 위한 정보도 함께 들어 있어 다이어트에도 도움이 된다.

장연정 지음 | 168쪽 | 210×256mm | 12,000원

간편한 도시락은 다 모였다!
김밥·주먹밥·샌드위치

만들기 쉽고, 먹기 편한 도시락 메뉴 78가지를 소개한 책. 김밥, 주먹밥, 초밥, 캘리포니아 롤, 샌드위치 등이 모두 들어 있다. 밥 짓기, 양념하기, 김밥 말기, 배합초 버무리기 등 기초 테크닉도 꼼꼼하게 알려준다.

최승주 지음 | 184쪽 | 190×245mm | 12,000원

시간은 아끼고 영양은 높이고
5분 아침 식탁

아침밥을 챙기기 어려운 바쁜 현대인들을 위한 간단 아침식사 31가지. 여자영양대학의 교수진이 레시피를 개발해 영양 균형까지 고려했다. 미리 준비하면 좋은 채소 저장식, 가공식품, 소스 등도 함께 넣었다.

가가와 요시코 지음 | 120쪽 | 180×230 | 12,000원

맛있는 다이어트
닭가슴살 요리 60

샐러드, 구이, 한 그릇 요리, 도시락 등 쉽고 맛있는 닭가슴살 요리 60가지를 소개한 책. 김밥, 전, 파스타 등 인기 메뉴부터 개성 만점 별미 메뉴까지 소개해 다양한 맛을 즐길 수 있다.

이양지 지음 | 144쪽 | 210×265mm | 11,500원

로푸드 다이어트 레시피 103
로푸드 디톡스

로푸드는 체내의 독소를 제거하고 면역력을 높여 줘 자연스럽게 다이어트까지 이어지도록 한다. 로푸드 레시피 103개와 주스 펄프 사용법, 활용도 만점 드레싱 등 플러스 레시피가 수록돼 있어 로푸드가 낯선 사람도 어렵지 않게 시작할 수 있다.

이지연 지음 | 216쪽 | 210×265mm | 12,000원

최고의 브런치 카페에서 추천한 인기 메뉴 57가지
잇 스타일 브런치

대표 브런치 카페와 인기 브런치 레시피를 알려주는 카페 가이드북 겸 요리책. 브런치를 유행시킨 '수지스'를 비롯해 유명 스타들의 단골 레스토랑 '다이닝텐트', 효자동의 '카페 고희' 등의 자세한 소개와 사진이 담겨 있다.

리스컴 편집부 | 180쪽 | 180×260mm | 11,000원

후다닥 만들어 럭셔리하게 즐긴다
홈메이드 샌드위치 74가지

초보자들도 쉽게 만들 수 있는 메뉴부터 전문점 못지않은 럭셔리한 종류까지 74가지의 다양한 샌드위치를 스피드 샌드위치, 럭셔리 샌드위치, 전문점 인기 샌드위치 등으로 나누어 소개한 책.

안영숙 지음 | 140쪽 | 190×260mm | 8,500원

설탕·버터·달걀 No!
채식 베이킹

맛있고 아토피 걱정 없는 '안심' 베이킹 레시피북, 한 끼 식사로 손색없는 파운드케이크와 먹기 좋은 크기의 머핀, 스콘, 쿠키, 오븐이 필요 없는 팬케이크와 크레이프 등 누구나 좋아하는 건강빵과 과자가 가득하다.

후지이 메구미 지음 | 104쪽 | 210×256mm | 9,500원

천연 효모가 살아있는 건강 빵
천연발효빵

맛있고 몸에 좋은 천연발효빵을 소개한 책. 단순한 홈베이킹의 수준을 넘어 건강한 빵을 찾는 웰빙족을 위해 과일, 채소, 곡물 등으로 만든 천연 발효종 20가지와 천연 발효종으로 굽는 건강빵 레시피 62가지를 담았다.

고상진 지음 | 200쪽 | 210×275mm | 13,000원

미니오븐으로 시작하는
쿠키·빵·케이크

초보자를 위한 미니오븐 베이킹 레시피 50가지. 바삭한 쿠키와 담백한 스콘, 다양한 머핀과 파운드케이크, 폼 나는 케이크와 타르트, 누구나 좋아하는 인기 빵까지 모두 담겨 있다. 베이킹을 처음 시작하는 사람에게 안성맞춤이다.

고상진 지음 | 144쪽 | 210×256mm | 12,000원

달콤한 나의 첫 베이킹 북
쁘띠 쿠키 레시피

플레인 쿠키, 초코 쿠키, 팬시 쿠키, 과일 쿠키, 매운 쿠키, 견과 쿠키 등 달콤한 쿠키 레시피 50개가 들어 있다. 베이킹을 처음 하는 초보자도 쉽게 따라할 수 있는 간단한 레시피로 구성되어 있으며, 응용할 수 있는 팁도 함께 넣었다.

스테이시 아디만도 지음 | 120쪽 | 170×220mm | 12,000원

「리스컴이 펴낸 책들」

신이 숨겨둔 마지막 여행지
언젠가는, 페루
천혜의 자연과 유구한 역사가 한데 어우러진 낭만의 여행지 페루. 수도 리마, 와카치나 사막, 쿠스코, 마추픽추, 티티카카 호수, 그리고 숨겨진 역사, 경제, 문화 등 페루 여행의 모든 것을 한 권의 책에서 만난다.

이승호 지음 | 240쪽 | 146×205mm | 13,000원

누구나 한 번쯤 꿈꾸는 그곳
언젠가는, 터키
터키 여행 에세이 겸 가이드북. 신비로움을 간직한 도시 이스탄불, 웅장한 자연경관에 놀라게 되는 파묵칼레와 카파도키아, 여유로움을 만끽할 수 있는 지중해… 터키 여행의 모든 것을 한 권에 담았다.

장은정 지음 | 264쪽 | 146×205mm | 13,000원

6년차 뉴요커가 알려주는 핫 스팟
로사의 뉴욕 훔쳐보기
6년차 뉴요커가 소개하는 뉴욕 여행책. 뉴욕을 테마별로 나누어 여행 목적에 맞게 계획을 짤 수 있다. 또한 저자가 알려주는 뉴요커들만 알고 있는 이벤트, 문화 등을 즐기다 보면 뉴요커가 된 기분을 느낄 수 있을 것이다.

김로사 지음 | 328쪽 | 146×205mm | 13,000원

슬로푸드, 행복한 음식을 찾아서
슬로푸드를 찾아 떠난 유럽 미식기행
명품가방 대신 25년산 발사믹 식초를 챙기는 저자 노민영이 오감으로 체험한 유럽 음식문화 여행기. 다채로운 음식문화를 자랑하는 유럽에서 시골 할머니의 손맛부터 스타 셰프의 솜씨까지 맛보고 느낀 특별한 이야기를 풀어냈다.

노민영 지음 | 296쪽 | 148×210mm | 13,000원

엄마와 딸이 함께한 14일간의 인도여행
같이 오길 잘했어
엄마와 딸이 함께한 14일간의 인도 배낭여행 이야기. 모녀는 인도의 낯선 문화 속에서 고군분투하지만, 그렇기에 서로를 더 깊이 들여다보고 마음을 나누게 된다. 그들의 솔직한 이야기가 재미와 감동을 준다. 또한 인도 여행에 필요한 정보도 알려준다.

유승혜 지음 | 304쪽 | 146×205mm | 13,800원

so ho~, so beautiful TOKYO
8일간의 도쿄 여행
도쿄의 핫스팟을 가구라자카, 지유가오카, 다이칸야마 등 8개의 지역으로 나누어 하루에 한 지역씩 돌아보는 형식으로 소개한 책. 네이버에 오픈 캐스트를 제공하는 파워 블로거이자 '도쿄라이프' 카페 운영자이기도 한 저자 남은주가 엮었다.

남은주 지음 | 222쪽 | 150×205mm | 12,000원

우리 바람 쐬러 갈까?
서울·근교 베스트 여행지 50
서울과 수도권에서 쉽게 찾아 갈 수 있는, 가깝고 재미난 나들이 장소들을 모았다. 데이트 코스, 힐링 코스, 가족여행 코스, 건강 코스, 유적 코스로 구분해 보기 편하고 맛집 정보와 상세한 지도까지 수록해 알차다.

편경애 지음 | 264쪽 | 148×210mm | 13,000원

세계적인 히트상품 개발자 8인의 성공사례집
아이디어는 재능이 아니다
일본 굴지의 기업에서 프로젝트를 담당하던 개발자들이 아이디어를 내는 방법을 알려주는 책. 화장품, 속옷, 과자, 음료, 게임, 증권 등 다양한 분야에서 활용할 수 있는 아이디어 비결과 신제품 개발 비화를 알려준다.

미사키 에이치로 지음 | 184쪽 | 146×205mm | 12,000원

초보 여성을 위한 초간단 골프 레슨
골프 for 레이디
골프채 잡는 법부터 필드 데뷔까지 자세하게 알려주는 골프 교과서. 일상 동작을 응용해 쉽게 배우는 스윙동작, 기본 준비 자세 익히기, 단계별 스윙법 등 골프를 처음 시작하는 사람이라도 금세 이해하고 배울 수 있도록 구성했다.

요시무라 후미에 지음 | 132쪽 | 210×275mm | 12,000원

걷는 만큼 빠진다
워킹다이어트
슈퍼모델이자 퍼스널 트레이너인 김사라가 제안하는 걷기 다이어트 프로그램. 준비부터 기본자세, 운동 전후의 관리 등 걷기 다이어트의 모든 것을 알려준다. 전국의 걷기 좋은 곳도 소개되어 있다.

김사라 지음 | 136쪽 | 182×235mm | 12,000원

완벽한 S라인을 만드는 마법의 발레 운동
바오솔 다이어트
바오솔은 집에서 쉽게 하는 다이어트 발레 운동으로 동작들이 쉽고 단순하면서도 효과는 뛰어나 바쁜 현대 여성들에게 안성맞춤이다. 살을 빼는 것은 물론 몸매를 다듬어 완벽한 S라인을 만드는 것이 특징이다.

오영주 지음 | 144쪽 | 182×235mm | 12,000원

아기는 건강하게, 엄마는 날씬하게
소피아의 임산부 요가
임산부의 건강과 몸매 유지를 위해 슈퍼모델이자 요가 트레이너인 박서희가 제안하는 맞춤 요가 프로그램. 임신 개월 수에 맞춰 필요한 동작을 자세히 소개하고, 통증을 완화하는 요가, 커플 요가, 산후 요가 등도 담았다. 30분 요가 프로그램 동영상도 있다.

박서희 지음 | 76쪽 | 182×235mm | 12,000원

Body Shape & Healing
그녀들의 심플 요가
몸매도 가꾸고 정신적, 신체적 증상도 치유하는 요가 자세를 알려주는 책. 탄력 있는 몸매, 스트레스 해소, 건강, 치유, 해독, 심리 안정 등에 효과 있는 48가지 자세를 소개한다. 심플한 구성과 정확하고 상세한 그림 설명이 특징이다.

에이미 루이스 지음 | 136쪽 | 170×220mm | 12,000원

트러블·잡티·잔주름 없는 명품 피부의 비결
홈메이드 천연화장품 만들기
피부를 건강하고 아름답게 만들어주는 홈메이드 천연화장품 레시피 북. 클렌저, 로션, 세럼, 팩, 보디 케어 제품, 비누, 목욕용품 등 고급스럽고 내추럴한 천연화장품 35가지가 담겨 있다. 단계별 사진과 함께 자세히 설명되어 있어 누구나 쉽게 만들 수 있고, 사용법도 친절하게 알려준다.

카렌 갈버트 지음 | 152쪽 | 190×245mm | 13,000원

특별한 날을 위한 25가지 꽃 장식
종이꽃 만들기
진짜 꽃보다 더 진짜 같은 종이꽃 25가지가 담겨 있다. 상세한 과정 사진과 실제 크기의 도안이 수록되어 있어 누구나 쉽게 만들 수 있다. 별다른 도구 없이도 자르고 붙이기만 하면 나만의 종이꽃이 완성된다. 선물 포장, 부케, 파티 장식, 인테리어 등 생활 속에서 다양하게 활용할 수 있다.

제퍼리 루델 지음 | 144쪽 | 193×215mm | 13,000원

유럽 스타일 핸드메이드 소품 & 액세서리
태팅레이스 레시피
사랑스럽고 세련된 태팅레이스 DIY 북. 목걸이, 귀걸이, 팔찌부터 가방, 벨트, 컵받침까지 유럽 스타일의 핸드메이드 액세서리와 소품이 가득하다. 기초부터 다양한 테크닉, 작품 만들기까지 사진과 그림을 곁들여 자세히 설명하고 있어 초보자도 쉽게 따라 할 수 있다.

페이코 지음 | 128쪽 | 182×235mm | 12,000원

똑똑하고 감성적인 아이로 키우는
0~6세 아기와 책 읽기
태아 때부터 영유아까지 아이의 나이와 상황에 맞는 책 읽기와 이야기 만들기, 아이와 교감하며 책 읽는 기술 등을 알려준다. 독서도 전문가가 추천하는 책들은 물론, 내 아이를 주인공으로 하는 맞춤 이야기들도 소개되어 있다.

앨리스 데이비스 지음 | 112쪽 | 190×260mm | 10,000원

초보 엄마가 꼭 알아야 할 육아 매뉴얼
사진으로 한눈에 익히는
0~12개월 아기 돌보기
초보 엄마 아빠에게 꼭 필요한 육아 가이드북. 출생 후 12개월까지 안아주기, 수유하기, 기저귀 갈기, 달래기, 목욕시키기 등 아이 돌보기의 모든 것이 풍부한 사진과 함께 상세히 설명되어 있어 쉽게 따라 할 수 있다.

프랜시스 윌리엄스 지음 | 112쪽 | 190×260mm | 10,000원

똑똑한 엄마의 선택
닥터맘 이유식
생후 4개월부터 36개월까지 단계별로 꼭 필요한 영양을 담은 건강 이유식 레시피. 미음부터 죽, 진밥, 덮밥, 국수, 샐러드, 국, 반찬 등 다양한 이유식과 유아식을 담았다. 차근히 따라 하면 건강하고 튼튼하게 키울 수 있다.

닥터맘 지음 | 216쪽 | 190×230mm | 13,000원

산부인과 의사가 들려주는 임신 출산의 모든 것
똑똑하고 건강한 첫 임신 출산
임신 전 계획부터 산후조리까지 현대를 살아가는 임신부를 위한 똑똑한 임신 출산 교과서. 20년 산부인과 전문의가 인터넷 상담, 방송 출연 등을 통해 알게 된, 임신부들이 가장 궁금해하는 것과 꼭 알아야 할 것들을 알려준다.

김건오 지음 | 304쪽 | 190×230mm | 15,000원

카와카미 유키

인테리어 코디네이터, 상품 디자이너. 오사카에서 태어났으며, 가구 회사에서 수납가구, 아동용 책상 등 가정용 가구의 설계와 상품 개발을 맡았다. 퇴사 후 인테리어 코디네이터 자격을 따고 카와카미 유키 디자인 사무소를 열어 활동했다. 지금은 주택 관련 기업에서 가구와 주택 관련 상품을 개발하고, 디자인 컨설턴트로 활약하며, 여성지와 신문, TV 등에서 인테리어와 수납 강사로 활동하고 있다. 디자이너 시각에서 바라본 실용적인 정리법이 호평을 받고 있다.
저서로 〈좁은 집 넓게 쓰는 정리의 기술〉, 〈자취 생활 100가지〉, 〈넣고 정리하기〉 등이 있다.

집안을 확 바꾸는
수납의 기술

일러스트·글 | 카와카미 유키
번역 | 이예린

편집 | 김연주 조유진 양한주
디자인 | 김지혜 유아람
마케팅 | 황기철 신다빈 김서현
경영관리 | 이은아

출력·인쇄 | HEP

초판 1쇄 | 2014년 12월 10일
초판 3쇄 | 2015년 4월 1일

발행인 | 이진희
발행처 | 리스컴

주소 | 서울시 강남구 언주로134길 11-5
전화번호 | 02-540-5192(경영관리부)
　　　　　02-540-5193, 02-544-5944(마케팅부)
　　　　　02-544-5922, 5933(편집부)
　　　　　02-544-5934(미술부)
FAX | 02-540-5194
등록번호 | 제2-3348
홈페이지 | www.leescom.com
블로그 | blog.naver.com/leescomm

SYUNO WO KAETEMIRU
Copyright © Yuki Kawakami 2014
All rights reserved.
Original Japanese edition published by DAIWASHOBO
Korean translation rights arranged with DAIWASHOBO through Timo Associates Inc., Japan and PLS Agency, Korea.
Korean edition published in 2014 by LEESCOM.

이 책의 한국어판 저작권은 PLS를 통한 저작권자와의 독점 계약으로 리스컴에 있습니다.
신저작권법에 의해 한국어판의 저작권 보호를 받는 서적이므로 무단 전재와 복제를 금합니다.
잘못된 책은 바꾸어 드립니다.

ISBN 979-11-5616-027-4 13590
책값은 뒤표지에 있습니다.